サブスクリプションモデルの夜明け

株式会社オウケイウェイヴ
取締役副社長COO

佐藤哲也

OKWAVE
best answer.

はじめに

株式会社オウケイウェイヴ
取締役会長（Founder & Executive Chairman）
兼元　謙任

オウケイウェイヴは「Oshiete：教えて＝質問」、「Kotaeru：答える＝回答」のやり取りによる問題解決とその波及を願って社名としています。

20年前にQ＆Aコミュニティーを立ち上げ、今では、年間8000万人の人々が、約4000万件の質問と回答で助け合いを紡ぎ、そして「ありがとう」の声がけを行ってきました。

「自殺を思い止まることができた」、「自分の転機を後押ししてくれた」、「本当に助かった」などと利用者の皆様同士だけでなく、運営者側の私たちにもお礼の声を届けてくださいます。この仕事をしていて、本当に良かったと感じます。

このサイトを運営し始めて、1年ほど経ったある日、利用者の中に企業のお客様相談サポートセンターに所属する方がいて、「オウケイウェイヴのQ＆Aコミュニティーは、一人のユーザーの悩みに、多くの人が回答を寄せ、その質問と回答を他の皆に共有することで、似たような悩みを持っている他の利用者の問題解決にも寄与している。これを自分たちのサポートセンターにも適応できないだろうか?」という相談をいただいたのです。

Q&Aコミュニティーサービスは、当初は閲覧数に応じた広告表示による広告収入が事業収益となっていました。

このシステムを拡張して、企業のお客様相談窓口でご利用いただけるならば、広告収入に加えて、新たな事業収益を得ることができる。そして、このQ&Aコミュニティーの互い助け合いのムーブメントを日本だけでなく、世界に広げるための資金を得ることができる。

そう考えて、その相談に応じる形でできたのが、FAQ Management（TM）システムのOKBIZ.（オウケイ・ビズ）（当初はQUICK A：クイック エー）だったのです。

当時は、電話のサポートが主であり、土日はサポート時間外にしている企業も多かったので、月曜日の朝は、問い合わせや苦情の電話が鳴り止まなくなるのが当たり前でした。お客様相談サポート担当者にとっては、苦しい一週間の始まりに違いなかったでしょう。

FAQ Management（TM）というのは、お客様とのやり取りから、他にも多くのお客様が必要とされるであろうと思われるものをピックアップして、プライバシーに配慮して、名前や数字を取り除き、抽象化することで、他の人にも役立つFAQ（よくある質問と回答）にするためのメソッドロジーのことです。

これを実装したシステムを導入した、その企業がどうなったかというと、電話をかける前に、インターネットで、そのFAQ（よくある質問と回答）を調べるので、電話の本数が圧倒的に減りました。また、電話をしてくるお客様もFAQを調べた上で電話をしてくるため、非常にスムーズに解決に結びつけることができたのです。

企業の対応はスムーズになり、企業のお客様は問題解決にいち早くたどり着き、それをサポートする当社の収益にもなります。

当時の「よくある質問と回答」ページと言えば、そのコーナーがないところは一般的で、かつ大企業でそのコーナーがあったとして、その内容はホームページを立ち上げた時に作った、10個ぐらいの質問と回答が並んでいるだけでした。

現在では、どの企業のホームページにも「よくある質問と回答」ページがあり、内容も充実しています。そして、多くの企業に私たちのシステムOKBIZ.が利用されています。

初期の頃は、契約いただいた企業のネットワーク内に、ソフトウェアーを導入し、そこから、ソフトウェアーを入れ込んだコンピュータサーバーと一緒に納品する形態をとっていました。

この提供形態において、当社は大きな3つの問題点を抱えることとなりました。

まず、システムのバージョンアップの時に、それぞれの企業へ出向いていく必要があります。その企業のネットワークのシステム構成はそれぞれ異なっているため、調査も含めると多くの人手と時間が割かれてしまいます。

システムの不具合だと呼び出されることもありますが、それぞれの企業のネットワークの設定によるもの、つまりシステムの不具合ではなく、ネットワークとの相性が悪いためだということがわかり、何もしないで帰ってくることがあります。

それぞれの企業からの要望をそれぞれのプログラムに改変を加えていくと、プログラムソースの亜種がたくさん生まれることになって、管理が大変複雑になります。

これに加えて、システム、ネットワーク構成ごとにこの改変はより複雑になっていきます。

この3つの問題点は、お客様が増えれば増えるほど、その複雑さを増し、対応に遅延を産み、お客様にデメリットを与えてしまいかねない事態が予想されました。

そこで私たちが選択したのは、当社のデータセンターのソフトウェアをインターネット経由でご利用企業の皆様にお使いいただくという形態です。

これは、ＡＳＰサービスと言われますが、当時は自分たちの使うソフトとデータを他社が運営するサーバーが預かるということには相当な抵抗があり、これを乗り越えなければなりませんでした。

・コンピューターシステムを自社で用意し、何よりコンピューターシステムの運用をする必要がないこと
・プログラムのバージョンアップの度に、面倒な更新作業が必要ない
・他のユーザーからのフィードバックを反映し追加、改善された機能を素早く利用できる
・利用頻度に応じた料金を支払えば良いので、適正な費用を計上できる
・接続口（ＡＰＩ）を使えば、自由に自社の他のシステムと簡単に連携することできる

などのメリットを説明し、理解してもらいながら、導入を進めてきました。

導入企業様と協議を進めながら、月額の基本料金と、アクセスに応じた従量課金制という提供形態が決まったのはこの時でした。

その後、社会的には、この形態がクラウドコンピューティングとして、一般的に普及していくことになります。

これが、サブスクリプションモデルへと進化したのです。

オウケイウェイヴの提供するOKBIZ.はその先駆けとなりました。

この本では、OKBIZ.に携わってきた、スタッフのインタビューを通して、サービス提供者、利用者のサードパーティの視点で、サブスクリプションモデルの様々なメリットを明らかにしていきます。

ご協力いただいた皆様、ご利用いただいている利用者の皆様には、たくさんのアドバイスと、気付きをいただけました。

感謝の言葉を言い尽くすことができません。

本当にありがとうございます。

はじめに …… 3

目次

第1章　サブスクリプションひとすじ20年 OKBIZ. という顧客総合サポートのビジネスモデル

第2章　OKBIZ. の前身「Quick-A」の誕生から成長まで

加藤義憲（開発本部本部長）

第3章　ナレッジマネジメントは、顧客満足のためにビジネスシーンで進化を続ける

高橋伸之

第１章

サブスクリプションひとすじ20年 OKBIZ.という顧客総合サポートのビジネスモデル

OKBIZ.

OKBIZ. 現代的なサブスクリプションサービスの先駆け

オウケイウェイヴは、立ち上げから20周年を超える企業となりました。社名の基にもなっている、個人向けQ＆A投稿サイト「OKWAVE（旧 OKWeb）」は、当時、広告収入モデルで運営されていたため、利用者のアクセスが集まらないうちは、売り上げが上がりにくい事業構造でした。

この事業構造を改善する下支えになったのが、法人向けＦＡＱマネジメントシステム「OKBIZ.（旧 Quick-A）」です。

OKBIZ. は有料で提供されるシステムであり、そのことが黎明期のオウケイウェイヴの財政健全化に貢献したといえるでしょう。しかし、単なる有料サービスではなく、**月額課金**によって提供してきた点が大きな特徴です。

月額課金のビジネスモデルは、近ごろでは**サブスクリプション**（**subscription**）という言葉とともに知られるようになりました。script には「筆記」「書く」、sub には「下」を指すため、もともとは「署名」を意味する言葉です、そこから将来発行される新聞や雑誌などを前もって取り寄せる契約を結ぶ「講読予約」「定期購読」の用途で使われてきました。さらに派生して、ソフトウェアの定額定期課金もサブスクリプションと表現されるようになったのです。

OKBIZ.は、サブスクリプションという言葉が、まだ日本でほとんど知られていない時代、西暦2000年頃から法人向けに定期定額課金をしてきました。

定額課金そのものは、決して新しいビジネスモデルではありません。

不動産の地代や家賃、月極駐車場代、習い事の会費、NHKの受信料などは元祖のサブスクリプションです。光熱費や電話代なども、使用量によって代金が変わる従量制ではあるものの、定期的に請求される点を重視すればサブスクリプションの一種です。

とはいえ、OKBIZ.は、法人向けのWebサービスを「売切り」ではなく、サブスクリプションとして提供した点に新しさがありました。手前味噌ではありますが、日本における現代的なサブスクリプションサービスの先駆けと言えるでしょう。

OKBIZ. のラインナップ（2020年1月現在）

・OKBIZ. for FAQ
・OKBIZ. for Helpdesk Support

おもに、BtoC（個人消費者向け）のビジネスを展開している企業が、顧客の問い合わせに対応するカスタマーサポートの業務を、システムの力によって支えます。

顧客の問い合わせは、電話やメールで届きますが、それはオペレーターなどの顧客サポートチームが対応しなければなりません。問い合わせ件数が増えれば、サポートチームの人件費など、コストがかさんできます。

そこで、よくある質問（frequently asked questions：ＦＡＱ）として、カスタマーサポートで繰り返し回答している内容をサイト上に掲載する例が増えてきました。

公式サイトであれば24時間、深夜でも常に掲載されているため、そこを読んで疑問やトラブルを自己解決する顧客もいます。サイトのＦＡＱには、カスタマーサポートの負担も軽くする役割があります。

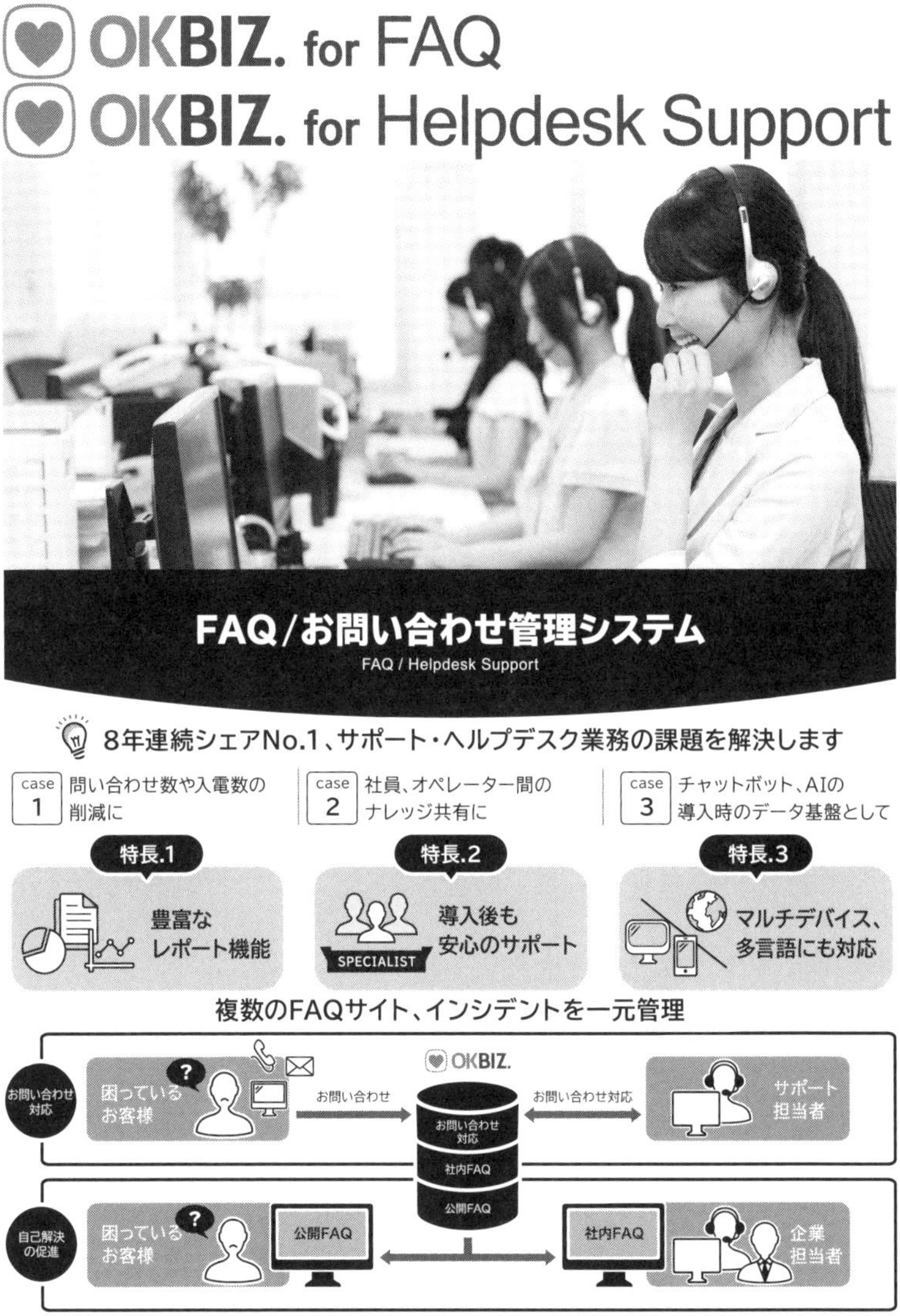
OKBIZ. for FAQ
OKBIZ. for Helpdesk Support
FAQ/お問い合わせ管理システム
FAQ / Helpdesk Support
8年連続シェアNo.1、サポート・ヘルプデスク業務の課題を解決します
case 1 問い合わせ数や入電数の削減に
case 2 社員、オペレーター間のナレッジ共有に
case 3 チャットボット、AIの導入時のデータ基盤として
特長.1
豊富なレポート機能
特長.2
SPECIALIST
導入後も安心のサポート
特長.3
マルチデバイス、多言語にも対応
複数のFAQサイト、インシデントを一元管理
お問い合わせ対応
困っているお客様
お問い合わせ
OKBIZ.
お問い合わせ対応
社内FAQ
公開FAQ
お問い合わせ対応
サポート担当者
自己解決の促進
困っているお客様
公開FAQ
社内FAQ
企業担当者

しかし、このようなＦＡＱは、一問一答をデータベース化して、必要なものを検索で取り出せなければ非常に使いにくいのです。よって、自分の悩みや疑問と同じ解決がなされたとしても、ＦＡＱで見つけられず、結局カスタマーサポートに問い合わせる流れになってしまいます。それでは負担が軽くならず、ＦＡＱを公開している甲斐がありません。

「OKBIZ. for FAQ／Helpdesk Support」は、企業にとっても顧客にとっても、ＦＡＱを使いやすくする法人向けソリューションサービスです。回答を文章だけでなく、イラストや写真、動画を交えて掲載できるため、文字や音声中心のカスタマーサポートでは難しい、ビジュアルベースの回答を示すことができます。

また、ＦＡＱ閲覧数、お問い合わせ経路分析、検索ログなどの統計情報から、クライアントの公式Webサイトが顧客にとって使いやすいものとなっているか、現状を的確に把握できます。また、ＦＡＱの改善のみならず、Webサイト構成の改善や顧客サポート応対の品質向上へと繋げていくこともできるのです。

質問と回答を自由に編集・閲覧・管理できるシステムとして、「OKBIZ. for FAQ／

Helpdesk Support」は、「OKWAVE」の応用であり、共通点も多く、兄弟のような関係といえるかもしれません。しかし、誰もが質問と回答を投稿して、コミュニケーションを取れる楽しさが魅力の「OKWAVE」とは主な目的が異なります。

「OKBIZ. for FAQ / Helpdesk Support」は、過去のＦＡＱを誰でも閲覧できるようにして、カスタマーサポートの負担を軽減し、ひとつひとつの問い合わせに丁寧に応える余裕を生み出す点に、社会貢献の主眼が置かれています。そして、顧客の具体的な声をもとに、新しい商品やサービスを開発するきっかけづくりの環境を整えます。

・OKBIZ. for Community Support

最近は製品・サービスの多様化によりオンラインサービスやアプリなどが提供されることで、他社製品が絡む問い合わせなど、企業の公式回答を示すことが難しい質問が増えています。このようなシーンで、一般ユーザーが回答できる環境を整備したＱ＆Ａプラットフォームです。

「そもそも、こんなことをカスタマーサポートに質問していいのかわからない」と躊躇している顧客や、「深夜や休日でカスタマーサポートが閉まっているが、緊急で解決したいトラブルがある」顧客などのお困りごとを、不特定多数のユーザー有志が解決することが可能です。そのため、カスタマーサポートが介入しなくても、おのずと顧客満足度が上がっていくメリットがあります。

「OKBIZ. for Community Support」に投稿された質問は、Q&Aサイトとして国内屈指のアクセス数を誇るOKWAVEにも掲載されます。そのため、非常に多くの利用者の目に触れることになり、有効な回答を得られる可能性が高まります。

このサービスは、質問と回答をベースにした個人間のコミュニケーションを重視している点で、OKBIZ.の中で最もOKWAVEに性格が近いといえるでしょう。

なお、「OKBIZ. for Community Support」のプラットフォーム上で、企業アカウントが公式回答を投稿することも可能です。

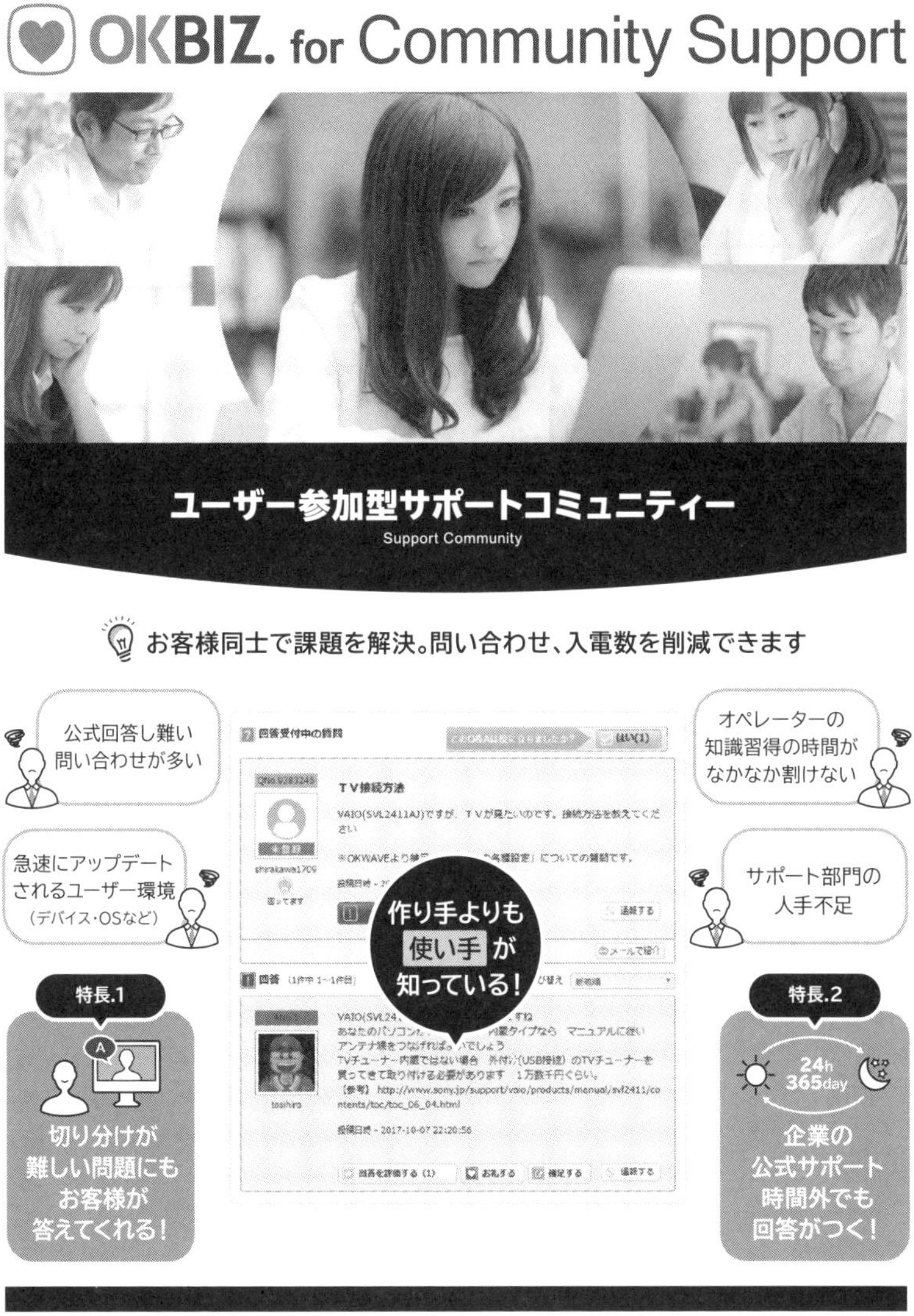
OKBIZ. for Community Support
ユーザー参加型サポートコミュニティー
Support Community
お客様同士で課題を解決。問い合わせ、入電数を削減できます
公式回答し難い問い合わせが多い
急速にアップデートされるユーザー環境（デバイス・OSなど）
オペレーターの知識習得の時間がなかなか割けない
サポート部門の人手不足
TV接続方法
作り手よりも使い手が知っている！
特長.1
切り分けが難しい問題にもお客様が答えてくれる！
特長.2
24h 365day
企業の公式サポート時間外でも回答がつく！

・OKBIZ. for AI Chatbot

「OKBIZ. for FAQ / Helpdesk Support」が蓄積してきた企業独自のＦＡＱを、ＡＩ（人工知能）がビッグデータとして機械学習し、顧客からの問い合わせに文章で自動応答するサービスです。

顧客がＦＡＱを検索する手間すら省けて、しかもスタッフが介入する必要がありません（有人チャット対応も可能）。そのため、カスタマーサポートの負担を軽くしたまま、自己解決して満足度を高める顧客が、さらに増えていく未来に貢献するＡＩ応用ソリューションです。

また、公開ＦＡＱだけでなく、非公開ＦＡＱ（社内ＦＡＱ）にも対応しますので、従業員から経理・人事・総務・法務などの部署への「よくある問い合わせ」にも、ＡＩチャットボットが自動回答できます。こうしたバックオフィス部署の社内向け対応負担を軽くします。

より自然な回答を実現するためのＡＩの調整（チューニング）は、オウケイウェイヴが行うので、ＡＩ学習の知識がなくても導入できます。

OKBIZ. for AI Chatbot

OKWAVE独自のAI技術・ビッグデータが、一歩進んだサポートを実現します

FAQシステムを知識データベースとして活用することによりナレッジを一元管理。
AIによる自動応対・オペレーターによる有人応対の切り替えにも対応しています。

AIチャットボットで問い合わせ業務の自動化、顧客満足度のアップを実現！

特長.1 インテリジェンスラーニング

商品の問い合わせはどこにすればいい？
お問い合わせ　問合せ　問合先　お問合せ

FAQの質問部分に対する単語の言い換えパターンをOKWAVE独自のビッグデータから自動的に付与

特長.2 自動聞き返し

もっと詳しく教えてください

ユーザーが記入した質問文があいまいな場合に、AIが自動で聞き返し応対を実施。シナリオに頼らない聞き返しを実現

特長.3 マルチボット

製品/サービス別、社外/社内別など、異なるシナリオの複数ボット設定と管理を実現

・OKBIZ. for AI FAQ Maker

大企業や大勢のユーザーを抱えるサービスの提供業者などは、過去の問い合わせと回答の記録が膨大にあるため、そこからＦＡＱを抽出するのも一苦労です。

そこで、大量のメール対応履歴やお問い合わせデータを、ＡＩが分析し、ＦＡＱの質問候補を自動的に抽出したり、カテゴリ分類案をリコメンドしたりするサポートを行ないます。

導入実績では、人手では5か月以上かかる試算のＦＡＱ作成工程が、「OKBIZ. for AI FAQ Maker」の導入で、約1カ月まで短縮されています。

◇

OKBIZ. は、その機能やサービスを通じて、多くの企業に支持されていることは間違いありません。

ただ、機能面だけで比較すれば、他社の類似サービスでも決して遜色のないものをリリースしているのも事実です。

OKBIZ. for AI FAQ Maker

問い合わせ履歴をAIが分析し、Questionデータやカテゴリー案を提案します

OKWAVE独自のAI技術を使って、メール対応履歴やお問い合わせデータなどを分析。
関連のあるFAQのQuestion案やカテゴリー案を自動で作成します。

FAQやチャットボットのナレッジ作成に

case 1　FAQやチャットボットの作成ノウハウが無い

case 2　FAQを作成するリソースが無い

case 3　問い合わせ履歴をナレッジ作成に活かしたい

特長.1
データ提供だけでOK
テキスト化された問い合わせデータを当社フォーマットに合わせ記載いただくだけで対応可能

特長.2
最大80%効率化
人だけでFAQを作成するよりも工数を80%削減可能(当社調べ)

特長.3
無料プレ分析対応
FREE
お持ちの問い合わせデータから有効なアウトプットを提供できるか無料でプレ分析を実施

それでも、OKBIZ.が多くの企業に選ばれ続けています。「OKBIZ. for FAQ / Helpdesk Support」は、おかげさまで9年連続で国内シェア・ナンバー1を記録しています。そうした支持を得られている源泉として、「サブスクリプション」の仕組みが第一にあげられるのは間違いありません。

では、サブスクリプションによるサービス提供には、ビジネスを展開する面でどのような優位性があるのでしょうか。

顧客と「繋がり続ける」ほど稼げるビジネスモデル

商品やサービスを一回的に販売する従来の「売切り型」ビジネスモデルでは、顧客に対するセールストークによって、契約を決断させ、まとまった額の代金を支払わせた営業スタッフが評価されます。契約の締結件数が、企業の発展にも繋がりますので、一定の契約件数が営業スタッフのノルマとして設定されることもありました。

これはいわば、顧客を獲物として狙う「狩猟型」の営業スタイルといえるかもしれません。契約が決まることによって評価が高まりますが、新規契約を1件も取れないと、売上げはゼロとなります。売上げの増減も激しく、経営は安定しにくいといえます。

その一方で、「サブスクリプション型」ビジネスモデルは、契約を長期間にわたって継続してもらうほど、収益に繋がります。契約の締結は、そのための入口にすぎません。その点で、売切り型とは大きく異なります。

顧客と繋がり続けるほど、収益が上がりますので、時間を掛けて顧客をファンに育て上げていくイメージです。いわば「農耕型」の営業スタイルと評価できるでしょう。たとえ新規契約がゼロでも、収入を見込むことができるため、経営も安定します。

つまり、サブスクリプション型サービスに切り替えると、マーケティング施策も大きく変わります。契約件数も大切ですが、それ以上に「契約期間」が重視されます。顧客を解約させず、飽きさせず、満足して使い続けてもらえるアプローチが重要となるのです。積極的にコミュニケーションを採りながら、顧客の得たい結果を実現させ、「ファン」にまで育てられれば、将来において売上げが盤石に安定する実りへと繋がるのです。

代金さえ受け取れれば、その後に使っても使わなくても売上げが大きく変わらない「売切り型」とは、顧客への対応が根本的に異なります。後日のリピート購入ならありえますが、リピートを得るために企業が顧客と継続的にコミュニケーションを採ることは少ないのが実情です。

また、「売切り型」と比較しても、顧客の利用データが膨大に手に入るのもサブスクリプション型の特徴です。利用時間や利用頻度、利用の癖などを分析して、新たな商品やサービスの提案をすることもできる施策だと言えるでしょう。

サブスクリプションは、顧客にも様々なメリットがあります。まずは初期費用が安く抑えられる点です。Webサービスを中心に「初月無料」のサブスクリプションがありますが、これも契約に対する敷居を低く感じたまま入会できます。

また、嫌になったらすぐに解約できることも、気軽さを演出しています。高級品をレンタルするのは期間が短すぎて物足りないけれども、所有するのは気が引けるというライト層の利用者にはサブスクリプションが第一の選択肢としてあがります。

さらに「利用し放題」系のサブスクリプションでは、事前に何を手に入れるか、選ぶ必要がありません。契約時には選択肢のメニューのみをチェックして、後でゆっくり選べるのもメリットです。

サブスクリプションの難しさとは何か？

たしかに、現代のビジネスシーンでは、にわかに「サブスクリプション」が注目され、様々な業界で採用されています。

乗用車や高級腕時計、高級ブランドバッグなど、一括購入が難しい商品がサブスクリプションで提供されているのをはじめ、衣服やメガネなどのファッション系サブスクリプション、ビールなどの飲食系サブスクリプションも始まっています。

しかし、早くも撤退を余儀なくされているサブスクリプションサービスが出てきているのも事実です。

20年にわたってサブスクリプション型サービス「OKBIZ.」を継続させてきたオウケイウェイヴだから言えますが、サブスクリプションにはいくつかの「落とし穴」があります。従来型のビジネスモデルで成功してきた企業が、その延長で安易にサブスクリプションに手を出すと、痛い目に遭うかもしれません。

サブスクリプションというビジネスモデルに特有の難しさとして、次の要素を挙げることができます。

【入会に手間がかかる】

定期定額課金には、クレジットカード決済や口座自動引き落としなどの手続きが必要で、それを面倒に感じる見込み客もいます。

【継続的契約をプレッシャーに感じる人もいる】

入会したからには使い続けなければならないと、未来の自分に約束するような覚悟を感じる人もいます。また、間違った選択をしたくないと感じる人がいます。

こうした真剣な消費者に対してサブスクリプション契約へ誘導する有効な対策が、「初月無料」などのお試し期間を設けることです。

【退会しにくくしてはならない】

サブスクリプション会員の退会を阻止するため、退会手続きをあえてわかりにくく、手間がかかるように設定している業者もあります。

しかし、そうした小ずるい施策だけで、顧客からの信頼が失墜することがあります。

一方で、スムーズに退会できた顧客の一部が、後で再入会してくれることも多いのです。

◇

個人向けと法人向けでも、サブスクリプション契約の難しさは異なります。法人向けの場合は、ビジネスの役に立っていると感じれば、やや高額で多少の不備があっても継続して使ってもらいやすい傾向があります。

しかし個人向けの場合は、料金に見合わないサービスだと感じれば、すぐに解約されるリスクが高まるので、運営で厳しい面もあるでしょう。

OKBIZ. では、法人向けサブスクリプションとして約20年にわたり、全国の企業のカスタマーサポートと共に歩み、多くの支持をいただきました。

その歴史を紐解きながら、サブスクリプション型ビジネスの魅力を読者の皆さんにお伝えするため、弊社のキーマンとして3名に白羽の矢を立て、本書限定で語りおろしのインタビュー取材を進めました。

開発部門出身の加藤義憲（第2章）、顧客サポート部門出身の高橋伸之（第3章）、営業部門出身の佐藤哲也（第4章）が、OKBIZ. 20年の歴史をそれぞれの立場や視点から語らせていただきます。

第2章

OKBIZ. の前身「Quick-A」の誕生から成長まで

加藤義憲（開発本部本部長）

OKBIZ.

オウケイウェイヴ入社前から「法人向けQ＆Aサイト」に関心

私は以前、ＮＴＴ東日本に勤務していて、技術開発職だけでなく、営業、コンサルティング、ＳＩ（システムインテグレーター）なども行なっていました。

実は、ＮＴＴの1年先輩に、オウケイウェイヴ取締役の福田道夫がいました。福田は私よりも半年ぐらい前に、すでにオウケイウェイヴに転職していたのです。この福田から、私は入社を誘われました。

利用者同士で質問と回答を出し合うOKWAVEのサービスは、２０００年1月から始まっていました。オウケイウェイヴは１９９９年に立ち上がったばかりで、OKWAVEこそが当時、唯一かつ主力のサービスでした。

とはいえ、このころにはOKWAVEを法人向け、ビジネス用途で用いるという構想が早くも進んでいたのです。

ある地方のＥＣ企業から、OKWAVEのシステムを顧客からの問い合わせ対応のツールとして利用できないかと問い合わせがあり、その問い合わせを具体化させる計画が早くも持ち上がっていました。

つまり、ＦＡＱ（よくある質問と回答）を企業側が想定して用意するのでなく、実際に顧客から寄せられた問い合わせに対し、企業のカスタマーサポートが回答したリアルな記録を、ＦＡＱとして共有するという構想です。

これが「Quick-A」という法人向けQ＆A管理サービスの萌芽です。

Quick-A は、現在の「OKBIZ.」の前身にあたります。

すなわち、OKBIZ. は、OKWAVE のユーザーだった一企業の声をきっかけとして誕生したことになります。

カスタマーサポートには、その対応に手間と人件費がかかります。

当時は電話対応が一般的でしたが、顧客の人数が多ければ、カスタマーサポート専属の従業員を置かなければならない場合もありました。企業では、想定問答集などのマニュアルを作成して手間を省こうと試みますが、顧客のあらゆる質問を想定できるわけではありません。

それに、様々な顧客から同じ質問を繰り返し受けることもあります。

そのたびに同じ回答を繰り返していては、無駄も多いのが現実です。

もし、過去に実際にあった顧客からの問い合わせと、それに対する実際の企業側からの回答を整理して、ウェブのブラウザ上で誰でも読めるようにできれば、企業とその顧客の双方にメリットがあるのです。

顧客にとっては疑問がネット上ですぐ解決することが多くなりますので、問い合わせの数が減ります。そして、企業側はカスタマーサポートの人件費を削減できます。

そうした話を私は福田から、飲みの席で何度となく聞かされていまして、「興味ない？よかったら開発にジョインしない？」と、ずっと誘われていました。

巨大企業からベンチャー企業へ決意の転身

たしかに興味はありましたが、福田のようにＮＴＴを辞めてまで参画することには不安があったのも事実です。それで初めのうちは、ＮＴＴに在籍したまま、休日に開発の一部分を無償で手伝う程度の関わり方をしていました。

しかし、福田から「土日だけ手伝うだけでは、らちが明かない」「転職しないか」という話を持ちかけられたのでした。

当時のオウケイウェイヴは、起業から1年にも満たないベンチャー企業です。もうすぐ30歳を迎える頃で、大企業で特に不満のない社会人生活を送っていた私は、福田のようにその荒波に飛び込んでいくまでの勇気を持つことは難しいと思っていました。それでずっと固辞していると、ついには、福田の奥さまと私の妻も交えて、４人で話し合うことになったのです。

福田は「ぜひオウケイウェイヴに来てほしい」と、熱い思いを私に伝えてきて、家族ぐるみでの説得にあいました。しかも、私の妻も特に反対せず、むしろ応援するような口ぶりでした。それで決意が固まり、ＮＴＴを辞めて、２０００年の8月にオウケイウウェイヴに転職することにしたのです。

当時、オウケイウェイヴの事業所は渋谷にありました。わずか11坪の部屋に、社員とアルバイトも含めて約10人が出入りしていました。アパート型の建物の、２階にオウケイウェイヴがあり、１階にはお笑い劇団の「ワハハ本舗」の事務所があり、芸人さんが集まって稽古をしている様子を見かけたものです。

ＮＴＴの勤務時は、それなりに立派なビルの高層階で働いていたので、そのギャップに最初は戸惑いもありました。その頃はすでにＩＴベンチャーがたくさん立ち上がっていて、にもかかわらず、大半が3年以内に無くなっている現実もありました。オウケイウェイヴがそうならない保証はどこにもありません。

それでも、働くにあたっての充実感もありましたし、自由な雰囲気も気に入っていました。部屋にはいつもＢＧＭが流れていましたしね。兼元らが好きなＣＤをプレイヤーにかけていて、「ここが本当に仕事場なのか」と、当時はカルチャーショックを受けていました。

ＮＴＴのオフィスでは、スーツを着ていなければ周囲から浮いてしまいます。プロジェクトチームの規模が巨大なので、誰かひとりが抜けても代わりのメンバーがその穴をカバーすることもできます。

しかし、自分の仕事が誰かの役になっている実感を得る機会が少なかったのも確かです。

その一方で、オウケイウェイヴでは誰ひとりとして欠かせないメンバーです。

それだけに、自分の仕事が会社の成長のためになっている事実を、つねに肌で感じていました。また、福田や創業者の兼元が、事あるごとに「世界平和」などの大きなビジョンを口にしていたのを覚えています。

当時は「本気で言っているのか」と少々疑いながらも、この小さな会社もいつか世界企業に発展していくのかもしれないと、勇気づけられていました。

サブスクリプションという用語の普及前から、月額課金を開始

私が入社前から開発に関わってきた「Quick-A（現在のOKBIZ.）」は、最初からサブスクリプション（月額課金）を想定していました。

コンシューマー向けのOKWAVEは、当時、広告収入でまかない、無料で利用できるようにしていましたが、立ち上げたばかりであり単体での収益は大きくありませんでした。早い段階から出資を得られていたために、いちおう財務的には保っていたのかもしれません。

しかし、利用者によるPVに依存する広告収入モデルだけでは不安定です。早い段階での黒字転換をめざすべく、法人向けで課金するモデルとしてQuick-Aを位置づけていました。

また、Quick-Aは法人のホームページの一部（問い合わせページやFAQページ）として利用されることが多いため、そこだけわれわれの広告バナーを載せるわけにはいかない

事情もあります。

当時は、法人向けにソフトなどを買い取ってもらい、その法人が管理するサーバーにインストールして使ってもらう売切りのモデルが一般的でした。

確かに、売り切りのほうがまとまった額の対価が会社にもたらされます。しかし、その後の運用やメンテナンスについては、基本的に買い手側の責任で行なわれることになります。

われわれにとっては、売買契約と同時に手が離れて、人件費などが省けるので都合がいいのかもしれません。しかし、自前でWebシステムをインストールならびにセットアップし、運用やメンテナンスをしっかりと継続できる企業は、一部しかありません。

そこで、Quick-Aは、ITに強い企業に限らず、さまざまな業種の企業サイトでもっと手軽に利用できるようなしくみも整備することにしました。より初期投資を安く抑えられ、われわれが運用やメンテナンスまで責任を持って継続的に対応する、月額課金モデルを採用したのです。

Quick-Aはソフトの販売も一部で実施していましたが、それよりも「有料のASPサービス」と位置づけて、幅広い企業へ提供することを主力事業としました。

利用料は、PV数に応じて毎月の利用料額が変わる「月額従量制課金」としました。すでに、電気料金や水道料金などのインフラ利用料では、この課金方法が普及しています。ただ、法人向けWebサービスにおいて、月額従量制課金を採用したのは当時、珍しいことでした。

最もリーズナブルなプランで、月額約5万円で利用できましたし、契約を申し込んですぐに使っていただけるため、ユーザー企業の裾野は広がっていくはずでした。

企業から求められて開発されたはずのQuick-A、いきなりのつまずき

しかし、最初のリリース時は、残念ながら企業からの評判は芳しくありませんでした。

特にクレームとなったのは、顧客から問い合わせが寄せられても、その問い合わせの存在に気づかず、しばらく放置されてしまう可能性があることでした。問い合わせに気づいても、しかるべき担当者に送られる体制も整っていません。使い勝手が悪かったのです。

それは、OKWAVE のシステムを Quick-A に流用したために起きたことでした。OKWAVE は、ユーザーが質問を自由に投稿し、その質問をたまたま見かけた他のユーザーのうち、回答できる人が自由に回答するというコンセプトのもとにつくられています。質問が難しすぎて回答できる人が誰もいなかったとしても、それまでです。

裏を返せば、一定の回答者が責任を持って確実に回答することが担保されていません。OKWAVE のシステムを、法人のカスタマーサポートでそのまま使うには、その設計思想からして無理がありました。

Quick-A には、あらゆる質問を絶対に見落とさないしくみや、それぞれの質問に的確に回答できる人へ、すぐに送信されるしくみが整備される必要があったのです。

そこで、法人ユーザーの皆さんに満足していただけるよう、Quick-Aをゼロベースから作り直すことになりました。そのプロジェクトは、オウケイウヴェイヴに入社したばかりだった私が中心となって進めました。

お客様の声を、直接聞き取る日々

最初のバージョンは、プロジェクトマネージャーから指示を受けて、一部分のみの開発を担当していたので、全体像があまり見えていませんでした。ですから、次バージョンを制作するときは「すべてを破棄して最初からやり直し」だというネガティブな意識はなく、むしろやる気が湧いていました。

開発する立場としては、自分自身で主導してゼロからつくるほうが進めやすいのです。最初のQuick-Aの仕様から離れて、しがらみもなく、まずはユーザー企業の声に真摯に耳を傾けるようにしました。

新生のQuick-Aについては、OKWAVEのようなQ＆Aサイトをベースにするのでなく、ＩＴ企業で社内外に向けて技術的サポートを提供する「ヘルプデスク」で現実に利用されることを想定したのです。

私ともう1人、計２人のメンバーが組み、私が開発を担当しました。もうひとりが企画や仕様を考える立場に就き、急いで開発しなおすことになったのです。

今とは違い、Quick-Aの何もかも私ひとりで開発するのは、たしかに大変でした。しかし、ひとりで開発すれば、他のメンバーとの意思疎通の手間を省略できます。決して好き勝手につくっていたわけではありませんが、チームマネジメントが不要なので、スムーズに進めやすいところもありました。

入社から約2か月後、２０００年10月に完成し、リリースに漕ぎ着けました。

顧客からの問い合わせを漏らさずに把握する仕組み、そして、問い合わせの責任者をすぐに決められる仕組みを整えました。顧客問い合わせ窓口のオペレーターは、一般に派遣社員が多いのです。

ただ、マニュアル的な対応だけでは難しい問い合わせには、より専門性の高いスーパーバイザーなどを回答者として割り当てる必要があります。

新バージョンの完成、新鮮な喜び

この新バージョンのQuick-Aには、さっそく数社の法人がユーザーとして利用してくださって、おかげさまで好ましい評価を得ました。

中でも、多くの消費者がいる某IT企業が非常に気に入ってQuick-Aをフル活用していただいたのです。アクセスが急増したため、こちらが当時使っていたレンタルサーバーではスペックが付いていけなくなりました。それで、OKWAVEの運用のために調達していたデータセンターの専用サーバーを急遽、Quick-A向けに転用することになったほどです。

このときの喜びはひとしおで、お客様との心理的距離の近さを感じました。NTTに在籍して開発していた頃には得られなかった実感です。

当時、Quick-Aを最もフル活用してくださっていたIT企業のお客様からは、われわれに対して、厳しくも的確なご意見をたくさんいただきました。

専門性の高いヘビーユーザーでいらっしゃるからこそ、われわれが行なっていたITベンチャー業務で、様々な不十分な面がハッキリと見えてしまっていたのだろうと感じました。

私はソフトやWebサービスの技術開発は得意だったかもしれません。ただ、各企業のヘルプデスクやカスタマーセンターで、誰がどのような問題を抱えているのかを当時、ほとんど把握していませんでした。最初は、どのようなお困りごとがあるかを想像しながら、手探りで仕様をつくっていたのですが、結果としてそれでは不十分だったのです。

直接コミュニケーションで、精度を上げる

そこで、新バージョンのQuick-Aをリリースした後は、お客様のもとに足しげく通い、カスタマーセンターやヘルプデスクで勤務する方々から、具体的な使い勝手など、直接ご意見を伺うことにしました。

使いにくい箇所や加えてほしい機能などを丹念に聞き取り、新たな開発に反映させました。そのようにユーザー企業に何度となく通っているうちに、担当者と仲良くなったりも

しました。

「クレームはチャンス」といいますが、まさにその通りだと思います。

実際にお客様のもとへ会いに行くと、「あなたがQuick-Aの開発者ですか?」「ひとりでつくったんですか!」と、新鮮な驚きや安心感、親近感をもって迎え入れられることもありました。

普通、Webサービスの開発者の名前や顔は、たとえ公開されていても世間は気に留めないことが多いですし、ユーザー側も開発者の個性を積極的に知ろうとしないことがほとんどでしょう。

その点は、ベンチャー企業でWebサービスをひとりで開発した者しか味わえない感覚ではないでしょうか。ひょっとすると、「この人ひとりでつくっているサービス、大丈夫かな」と、内心で不安感を抱いていた方もいらっしゃったかもしれません。しかし、人柄が見えたことで、Quick-Aのファンが企業間で少しずつ増えていた実感もあります。

ある大手家電グループの子会社の担当者も、Quick-Aのファンになってくださったのですが、その方の意見がまた厳しいのです。毎日のようにメールや電話で「この機能は使い勝手が悪すぎる」「どうしてこんな仕様になっているのか、意味が分からない」などと、一方的に言われるのです。それをつくっている立場としては、まるで毎日ダメ出しをされているようで、落ち込みますよね。その担当者はしまいには、オウケイウェイヴのオフィスまでお越しになって、会議室で私やエンジニアたちに「直接指導」をしてくださいました。

もし、Quick-A のことを嫌っている方なら、静かに解約ボタンを押すまでです。ここまでの行動は起こしませんよね。今思えば、本当に有り難い存在でした。

また、兼元の友人がそのころ起業していたカスタマーサポート代行企業からも、忌憚のないご意見を伺いました。その社長が多忙ゆえ、なかなか時間が取れないということで、たしか大晦日に会社に押しかけたと記憶していますが、多くのご協力をしてくださいました。

そうした直接の聞き取り活動を経て、Quick-A の機能をユーザーフレンドリーな方向で飛躍的に増強させていったのです。製品力も一気に向上していきました。

厳しい声に真摯に耳を傾けたことが、成長の起爆剤だった

オウケイウェイヴとQuick-Aのユーザー企業との関係は、ちょうどQuick-Aのユーザー企業とその顧客との関係性に似ています。企業としてのオウケイウェイヴにとって、Quick-Aを利用してくださる法人こそが顧客だからです。

ですから、オウケイウェイヴはQuick-Aを利用する企業の顧客サポート部門が何に困っているかを考えて、Quick-Aのサービス内容をさらに充実し、強化させようとします。

しかし、そもそもサービスを提供する企業側が、顧客の疑問や要望を、想像だけで網羅的に拾い上げるのは限界があるのです。実際に日々の生活の中で使っているユーザーでなければ気づかない不備や不満がたくさんあるからです。そのリアルな声を具体的に吸い上げながら、ＦＡＱを充実させたり、商品やサービスの改善に繋げたりできなければ、真の顧客満足は得られません。

同じように、Quick-Aのユーザーである企業の皆さまから、オウケイウェイヴが具体的な不満を聞き取り、そのリアルな声を反映させてきたからこそ、徐々にQuick-Aの支持を

得られるようになっていったのです。私はQuick-Aの開発を担当していたわけですから、できれば、Quick-Aに対する「ダメ出し」を聞きたくはありません。しかし、Quick-Aに対する厳しい要望や率直な不満から逃げずに直視したことが、オウケイウェイヴの成長を加速させたきっかけになったように思います。

この頃からは、Quick-Aの導入によって、人件費が実際に削減されたとの喜びの声が現われるようになっていました。実際、Quick-Aの導入後には、顧客からの問い合わせ数が平均30％減少し、その分カスタマーセンターの負担が軽くなっているというデータが出ています。

ただ、FAQに載せているのに、顧客が検索で見つけられないので、問い合わせが来てしまうという問題も残っていました。そこで、問い合わせの過去データを分析することで「これはFAQに載せたほうがいい」「検索で引っかかるよう、このような書き方をしたほうがいい」などの個別アドバイスを始めました。それが功を奏して、さらにカスタマーセンターの人件費を削減できた企業も増えていきました。

24時間の交替制で、システムダウンを常時監視した時期も

Quick-Aで原因不明のシステムダウンが頻発する時期がありました。2002年夏のことです。多いときには1日に3回以上もダウンするものですから、Quick-Aのユーザー企業であるオペレーターから、直接クレームの電話をもらうほどになっていました。機械的なトラブルとはいえ、これだけ連続してダウンすれば、さすがに謝って済む問題ではありません。われわれの責任ですし、このまま原因を究明せずに放置すれば、解約の原因にもなりかねないのです。

突然のシステムダウンが増えている原因を究明するには、Quick-Aのサービスを休止する方法もあったのでしょう。しかし、これ以上クレームを増やさないようにするため、Quick-Aのサービスは走らせたままで原因を探し、システムダウンはそのたびに手動で回復させることにしました。

システムダウンが起きれば警告が鳴ります。そのたびに開発者の私がサーバーを再起動しに向かえばいいのですが、いつダウンするのか全くわかりません。私だけで対応するのは物理的に不可能でした。

そこで、システムダウンの原因がわかるまで、あと２人の技術者で手分けし、サーバーのそばに3交替制で待機することにしたのです。

そのうち１人はOKWAVEの開発担当だったのですが、この問題を解決するためにQuick-Aへ一時的に巻き込んで、助けてもらいました。


当時は顧客対応や問い合わせ、アフターフォロー、地方出張などにも追われていたため、開発に使える時間を全体の３割以下しか取れなかったのです。社員数がまだ少なかったので、いろんな業務をひとりで抱えなければならないのは仕方ありません。ＮＴＴの若手社員時代に様々な仕事をこなしていたのが功を奏した面もあるでしょう。ただ、せっかく開発に没頭したかったのに、気軽な問い合わせが1本入ることによって、そのたびに集中が途切れてしまうのが、ストレスの原因になっていたのも確かでした。

そこで、顧客対応の必要がほとんどない早朝に開発業務を行ない、顧客対応が必要な昼間の時間帯に差しかかる頃には、その日の開発を終えるようにしていたのです。

その頃には、私は朝型生活になっていて早朝に起きるのは平気でした。そこで、私が朝6時から午後2時まで、あと2人で、午後2時から10時と、午後10時から翌朝６時までを担当しました。いつでもサーバーを再起動できるようにするため、データセンターに泊まり込みで監視してもらったのです。

突如ダウンするサーバーを、3人のローテーションによって、付きっきりで保守する日々が続きました。夏場だったのですが、データセンターへは分厚いコートを持ちこんで待機していました。サーバーを冷却するために空調は強力に効いていて、ジッとしていると寒いのです。それで、猛暑の日に厚着をしてデータセンターへ入っていたのですが、社外の人々からはきっと奇妙に見えていたでしょう。そういう生活を2週間ほど続けた末に、ようやくシステムダウンの原因が解明されました。

そんな緊急事態を乗り越えた後には、メンバーも増えてきて、たった11坪の部屋にたくさんの机が置かれるようになっていました。今にも床が抜けそうなほど手狭になったため、渋谷を一旦離れ、オフィスを新宿へ移しました。その後、オウケイウェイヴは、道玄坂から恵比寿へと移転を重ねています。

そして2020年、オウケイウェイヴは、長く馴染んでいた恵比寿の地を離れ、虎ノ門に本社機能を移転させました。

プログラミング言語を全面的に変更しても、使い勝手は変えない

Quick-Aの初期バージョンは、PHPと呼ばれるプログラミング言語で開発しました。それを、2005年にJava版へ全面的に書き換えたことがあります（現在のOKBIZ.は、Rubyで開発）。

そのきっかけは、ある関西の大手インフラ企業の顧客サポート担当者がQuick-Aの機能を気に入ってくれて、導入してくれる可能性が出てきたときのことです。契約の条件として「PHPだと弊社では導入できない。Javaに替えてくれないか」とお願いされたのです。PHPだとソースコードが外部から見えてしまうこともあり、多くの顧客を抱える大規模法人が導入するシステムとしては都合が悪いのです。その一方で、Javaは、業務系システムのソースコードとして、ビジネスシーンで普及していました。

新規のユーザーになることを前向きに検討している先方の事情なので「PHPよりもJavaだ」と言われれば、できるだけ要望通りに合わせる必要があります。もし契約に至れば、かなり大きな額が動く案件でしたし、当時のオウケイウェイヴにとっては、今後の発展の

ためにも、ぜひ実現させたいところでした。

ただ、ＰＨＰからJavaの書き換えは、本当に大変な作業でした。Quick-Aのシステムを丸ごと入れ替えた上で、Quick-Aの管理画面などユーザーインターフェイスの使い勝手は、できるだけ変えないようにしなければなりません。Quick-Aの「表」は替えずに、「裏」を全面的に入れ替えたのです。

これは、兼元が事あるごとに言っていた「ユーザーフレンドリー」の理念の表れです。

開発者が利用者に対し「便利さ」を押しつけてはならない

たとえば、歯磨き粉のキャップは昔、接着剤のフタのようにネジ状になっていて、回して外すものでした。しかし、時代が進むにつれて、つまんで外すタイプ、ふたを親指ひとつで開けられるタイプなどが登場します。とはいえ、歯磨き粉のふたの開け方について、丁寧に説明されているわけではありませんので、片手の親指ひとつで空けられるタイプなのに、当初はねじってキャップを開けてしまう購入者が後を絶たなかったのです。

このように、開発者が便利だと思って開発しても、ユーザーがその便利さをすぐに理解し、自然と実行に移せなければ意味がありません。もし、どうしても、ねじるキャップから親指一本で開けられるふたへ移行したければ、その間に「どちらの方法でも開けられる」という段階をワンクッション挟まなければ世間には通用しない、というのが兼元の考え方です。

開発者が「もっと使いやすくしたつもり」で、画面レイアウトを変更したとします。それでも、実際のユーザーが初めて触れたときには「あれっ、あのいつものボタン、どこ行ったっけ?」という不便さに繋がりかねません。

多くのユーザーは、いきなり便利なものを見せつけられても、いきなりそれを使いこなせるほどの適応能力はありません。便利さに慣れるまでにも時間がかかってしまう事実を、開発者はつい忘れがちですが、兼元は完全に見抜いた上でビジネスを展開しています。

つまり、開発者が便利さを押しつけるのでなく、ユーザーの使い勝手を最優先にすることが、兼元のビジネスマインドの根底にあるのです。

専門家に任せても、丸投げはできない

Quick-A のプログラミング言語を、Java へ全面変更するにあたって、Java に詳しい技術者をひとり、社内に迎え入れました。しかし、Java のことをあまり知らない先輩プログラマーからの指示を快く思わないでしょう。そこで、私も自分なりに Java を新たに勉強しなおしました。

ただ、専門家を内部に迎えても、まだ人手が足りません。

当時の開発チームは私も含めて5人しかおらず、しかも「9か月間」という開発期間の制限がありましたので、このままでは納期に間に合いそうもありません。

そこで、30人ほどのプログラマーが所属する Web 開発会社に協力を求め、一部を委託することにしました。

仕様とコア部分のコードは弊社で開発し、それ以外の部分を外注しています。開発場所が別でも、後で統合したときにズレが生じないよう、お互いにコミュニケーションを密に取る必要があります。

最初は、先方のＰＭに仕様を伝えて、それをチーム全体と共有してもらっていたのです。しかし、どうやら先方のメンバーそれぞれが疑問や意見をたくさん抱えていたようなので、このままではラチがあきません。

そこで、弊社の５人で手分けして、ほぼ毎日入れ替わりで、委託先の開発会社へ説明に出かけていきました。向こうの開発チームの人数が多いので、こちらが１人出かけていって、「わからないことがあれば、誰でも、何でも質問してください」という質疑応答の場を開いたほうが話が早いのです。

終電近くの遅い時間帯まで、先方のオフィスに居残って、じっくりと説明を続けた日も少なくありませんでした。

そういった直接対面のコミュニケーションを日々繰り返した結果、Quick-A の Java 版を完成させ、どうにか納期に間に合わせたのを覚えています。

ただ、ＰＨＰから Java へ移行がすべて完了したのは、それから５～６年の歳月を要しています。

ベンチャー企業からの「脱皮」へ

ＰＨＰ版のQuick-Aが用済みになったときには、コードを改めて見直しながら「これ、もう必要ないんだ……」と、一抹の寂しさを感じたのを覚えています。入社してすぐに産んで、５年ぐらい育て上げた、自分の子どものようなものでしたからね。

もちろん、そのようなセンチメンタルな気持ちにばかり浸ってもいられません。お客様が求めるならば、新しいものをどんどん開発し、改良を重ねていくことは企業活動にとって欠かせません。

ＩＴ企業というと、ネット上でコミュニケーションを完結させているイメージがあるかもしれません。同じオフィスで居合わせているＳＥ同士が無言のまま、チャットで会話している場合もあるぐらいです。しかし、弊社ではこのような泥くさい意思疎通を経ながら、大きな山場を乗り越えてきたのです。

大手企業との取引が増えるにつれて、Webシステムとしてのセキュリティの強化も求められます。そのため、Quick-Aは、ISO27001（情報セキュリティマネジメントシステム）の規格にも準拠するようになりました。ISOに準拠していないだけで、取引相手にしない企業も少なくありません。そのことから国際標準への対策も万全に固めていくフェイズへ入っていくことになります。

2005年秋には、OKWebが「OKWAVE」と名を変え、翌年1月に会社名も「株式会社オウケイウェイヴ」に改称されました。いよいよベンチャー企業からの脱皮を目指し、再出発の船出となったのです。

ユーザーから見えない部分も積極的に改善させていく

この段階になると、Quick-Aの開発についてもチーム制を強化していかなければなりません。入社当初は単独で開発してきた私ですので、ひとりで様々な権限を持って、いろんな業務を併行して進めてきたことに抵抗感は薄かったのです。

ただ、サポートによる顧客満足をより強化させ、オウケイウェイヴ全体をますます発展させる将来像を考えると、私に張り付いたいくつかの権限を剥がし、他のメンバーらに振り分けて委譲する必要がありました。

各権限の専任担当者を決定したことで、それぞれの業務負担が軽くなり、責任の所在が明確にもなりました。日常業務も進みやすくなり、サービスの品質も全体に向上したように感じます。

Quick-Aも、初めての開発から5年以上が経過し、規模が拡大するにつれて、専用サーバーの数も増えていました。ただ、必要に応じて、足りない分のサーバーを増設する「継ぎ足し型」でしたので、どのケーブルがどこにどう繋がっているのか、全体像が見えなくなっていました。たくさんのLANケーブルが雑多に絡み合っていたのです。

私の責任で「とりあえず、動けばいい」という状態で続けていたのも確かです。

ベンチャー企業からの脱皮を図るのであれば、このような外部からは見えない点も改善していかなければなりません。
サーバーに不都合が生じても、原因を究明できないまま2週間、3交替制でデータセンターに入り浸り、サーバーダウンを人力で食い止めるようなこともありました。

こうした対応は、今だから話せるベンチャー企業の笑い話です。
ただ、これから多くの企業ユーザーを抱える社会的責任を果たさなければならない立場では、それでは済みません。サーバーダウンが起きたら、即座に原因を究明し、復帰させられる態勢を常に整えていなければならないのです。

そこで、サーバー群全体の構成が誰の目にも客観的に明らかになるよう、そして構成図としてハッキリと描けるよう、ケーブルを1本ずつ整理し、繋ぎ直しました。やってみると楽しくて、完成したときにはその美しい構成が誇らしくなりました。

分業制になっても、技術者は顧客から離れすぎてはならない

オウケイウヴェイヴの中で、現在のような組織として連携の取れた有能な開発チーム、営業チーム、顧客対応チームが次々にできあがっていきました。

ただ、そのような分業制が整備されたことで、私には少しだけ寂しい気持ちがあったのも確かです。

Quick-Aの黎明期には、私のような開発担当の者が直接、お客様である様々な分野で活躍する企業のカスタマーサポート担当者から話を聞き取っていました。

つまり、プログラマーがお客様の不満や意見を、言葉だけでなく体感で受け止めることができていたのです。

相手の声質や表情、場の空気感、温度感なども含めて、どれくらいの不満や不便さを感じているのか、直接知ることができました。本当にその機能を切望しているのか、それともその場の思いつきや冗談レベルで言っているだけなのか、直接に面と向かって会話をしていれば読みとれますよね。こちらが疑問に感じることがあれば、その場で問いかけて解

決できます。

自分の作っているWebサービスが、具体的に世の中で役立っていることを実感しながら仕事することができた、かけがえのない期間でした。

ただ、オウケイウェイヴの人的規模が拡大し、分業が進んでいけば、顧客対応チームが先方から聞き取ってきた不満を、「また聞き」のかたちで受け取ることになります。もちろん、顧客対応の専門チームのほうが、われわれよりも不満などを受け取る情報量が多いのでしょう。それでも顧客の要望を正確に伝えらなかったり、技術者が正確に受け取れなかったりするコミュニケーションの齟齬が生じえます。そのような過程の中で、顧客の不満の一部を放置してしまうリスクもあるのです。

もちろん、企業が成長していくにあたって、分業は避けられません。

それでも分業は、ユーザーフレンドリーを犠牲にするリスクと隣り合わせであることを、常に念頭に置きながら日々の業務を進めなければなりません。

ユーザーフレンドリーを徹底することの落とし穴

ユーザーにとって、本当に便利に使ってもらえる商品やサービスとは何か?

この問いは、すべてのビジネスに共通する課題でしょう。

しかし、ユーザーからの要望を可能な限りで実現させて「ユーザーフレンドリー」の理念を徹底すればするほど、かえって不都合が生じてしまうこともあります。

ユーザーからの個別の要望をシステムに反映させる方法として、おもに2種類があります。すべてのユーザー向けに仕様を全面的にバージョンアップさせる方法と、要望をもらったユーザーのみに限定して個別の修正(カスタマイズ)で対応する方法です。

ある業界の特定の条件下でのみ有効な要望には、個別カスタマイズで応じたほうがいいでしょう。

最初のうちはQuick-Aでも、お客様からの個別のカスタマイズ要望に応えて、さまざまなバージョンを提供していました。ただし、そこには落とし穴もあります。

たとえば20個の個別要望に応えたら、20通りのQuick-Aができあがってしまうのです。

もし、何かひとつ新たな機能をQuick-Aに実装しようとすれば、20パターンのすべてを変更しなければならず、とても手間がかかってしまいます。

各ユーザーからのカスタマイズ要求の中には、本当に切実な必要性に駆られたものもあれば、単なるその場の思いつきで提案されたものもあるでしょう。ベンチャー企業時代のオウケイウェイヴは決して立場が強くないので、お客様からの様々な要望に必死で応えることで、契約を繋ぎ止めていました。

しかし、ベンチャー企業から脱皮を図るにあたって、各企業からのあらゆる要望を個別カスタマイズで対応していては、膨大な種類のバージョンが次々にできあがり、もはや管理が追いつかなくなります。それに、個別カスタマイズで提供した機能を、別の企業でも必要としている場合があります。

そこで、２００５年頃には、個別カスタマイズも徐々に取り止めることにしました。ある企業からの追加機能のリクエストが、他の企業でも必要とされていそうであれば、とりあえず実装しておいて、お客様ごとにそれぞれの機能の「オン／オフ」を切り替えられるようにしておけば十分なのです。それで実質的なカスタマイズに代えることができます。

中小企業の顧客サポート部門も、システムで支援していきたい

２００９年に、Quick-A がバージョン６へと進化したのをきっかけに「OKBIZ.」ブランドへと変更になりました（現在はバージョン７）。ただ、その頃には私はその開発チームを離れています。よって、OKBIZ. 時代の内部事情についてお話しすることは立場上控えます。

現在、OKBIZ. のクライアント企業は約６００社あります。おかげさまで日本を代表する規模の大企業からも支持を集めて、継続的に使ってくださっています。

さらに将来に向けては、中小企業向けに、よりリーズナブルな OKBIZ. の機能を提供する新製品「OKWAVE IBiSE」が、今春リリースされました。

日本の企業の99％以上は中小規模といわれます。多くの中小企業は経済的にそれほど盤石なものがありません。

OKBIZ. のようなカスタマーサポート支援サービスは、導入が後回しにされがちです。

しかし、充実したサポートを省略する分、機能をシンプルにし、初見でも直感的に操作方法を理解できるほど、わかりやすい画面レイアウト構成とすることによって、導入してすぐに直感に利用できる手軽さを実現させています。手軽でありながらも、ＦＡＱを充実

させることで、問い合わせ件数を減らしながらも顧客満足を達成できるのです。

手厚い人力のサポートを可能な限りで自動化させることにより、サブスクリプションモデルを維持しながらも、導入しやすいリーズナブルな利用料金を実現させました。全国の中小企業経営者の皆さんにもカスタマーサポートの品質を飛躍的に向上させ、見込み客づくりやファンづくりの一助にしていただけるはずです。

20年弱の歴史を経て、OKBIZ. はまた新たな段階に差しかかっているのだと感じています。私自身、大企業向けだけでなく、中小企業に対しても、あるいは世界に対してもカスタマーサポートのソリューションを提供すべきだと、その必要性を入社当時から感じていました。しかし、企業体力が追いつかなかったために実現できなかった。どうしても、月額で相当額を負担できる余裕のある企業を、クライアントとして優先せざるをえなかった事情があります。

とはいえ、今後は OKBIZ. をすべての企業に採用していただきたいですし、それだけの機能性と信頼性、クラウドサービスの採用による合理化、リーズナブルな導入額といった条件をすべて兼ね備えています。ようやくこの段階まで辿り着いたのだと、感慨深い思いもあります。

OKBIZ. が世界展開していくために必要なこと

私は入社当時、５年から10年後には、Quick-A のサービスは国際展開していくのだろうと望みを抱きながら開発を進めていました。その望みに比べれば実際の歩みがどのように評価されているかはわかりませんが、現時点でのオウケイウェイヴの世界戦略において、有効な武器のひとつになっていると自負しています。

将来的には、OKBIZ. のより一層の「自動化」「効率化」を目指します。すでにＡＩチャットボットが搭載され、問い合わせへの回答の自動化が一部で実現できています。

もっとも、自動化・効率化が目的になっては、単なる開発者の自己満足であり、意味がありません。結果としては多くの企業の抱える問題の解決に貢献できる機能性を兼ね備えた自動化でなければ意味がありません。20年前に比べるとはるかに高性能になったインターネットとプログラミング、そしてサーバーの力を借りながら、次世代の OKBIZ. は自動化の態勢をさらに整備させなければなりません。その帰結として、より多くの方々に愛されるサービスになることを願っています。

自動化・効率化が達成されたWebサービスは、国際展開をさせやすくなります。言語の問題、人力サポートの問題さえ乗り越えられれば、世界のどの企業に対してもソリューションを提供できるからです。OKBIZ. やその後継サービスは、地球上のすべての企業の顧客サポートチームに対して、解決策と喜びを提供できる潜在能力を秘めていると確信しています。

国外を見回せば、すでにカスタマーサポートの自動化サービスで覇権を獲ろうとしている世界企業はいくつもあります。しかし、オウケイウェイヴには、そうした構図に対峙し、凌駕できるだけの技術力と交渉力、コミュニケーション能力があります。

私が開発部門にいて、最も大切にしてきたのは「お客様の声を丹念に聞く」という点です。もっとも、自分たちが開発したいものという欲求とのバランスを図らなければなりません。お客様の声を聞いてばかりいては、時代を変革して市場で一定のポジションを取れるほどの画期的なイノベーションは生まれないからです。

ただ､私の原点は「お客様に尋ねること」だったので、今でも最優先で大切にしています。FAQが何たるかもよく理解していなかった入社間もない時代に、Quick-A開発の糸口となったのは、お客様の声だったのです。

その経験が今も生きています。

もし同等の機能の無料ソフトが出現しても、OKBIZ.が対抗できる理由

ただ、私は今、危機感を抱いています。OKBIZ.の関連事業は今でこそ順調に成長していますが、この成長ペースが今後も継続していくものとは楽観していません。

企業のFAQやカスタマーサポートについて、安定かつ強力なソリューションを提供するOKBIZ.は、サブスクリプションモデルを採用し、各企業から利用料を頂いています。

ただ､同じような機能を持つフリーソフトが、いつ出現するかわかったものではありません。

もし、OKBIZ.と同等の機能で、永年無料で利用できるWebサービスが存在しうるのであれば、当然ながらそちらへお客さんが流れます。

現在、日本の景気はそれほど悪化していませんが、もし将来、さらに不景気が深刻となっていく時代がやってきたとき、お客さんは今と同じ額を毎月払ってくださるかどうか、その保証はどこにもありません。クライアント企業の収益が危機的状況に陥ったとき、OKBIZ. のようなWebサービスは、真っ先にコストカットの一環で解約候補に挙がるでしょう。

収益が減少し続ける問題の解決策として、ダイレクトに結びつくものではないからです。

OKBIZ. が、法人顧客に対して、毎月一定の額の利用料を頂戴できていける根拠は、オウケイウェイヴのスタッフが直接、ご相談への回答やアドバイスに対応しているからです。その丁寧かつ問題解決に直結するサポートに対して、お客様が信頼してくださっているのです。

OKBIZ. は、Quick-A時代から通算すると、最初のリリースから約20年が経過しています。その歴史の蓄積によって機能が充実し、多様化しているために、良くも悪くも、契約してすぐ使える状態にはなっていません。

そもそも「うちのサイトのＦＡＱはどうやってつくったらいいのか」と、その段階で躓くお客様が少なくありません。われわれはそういった声にもお答えして、初歩の初歩から手厚いサポートを行なっています。

Quick-A 時代には、ＦＡＱも当初、インターネット初期の Yahoo! のようなディレクトリ型で整理されていました。それが Google のように検索で簡単に探せるようになり、近年ではチャットボットで、一部のＦＡＱのパターンを人工知能によって管理し、顧客からの文章での問い合わせに自動的に回答を出せるようになっています。

もちろん、ＩＴが苦手なお客様のために、電話でオペレーターが対応する態勢も続けています。ひとりでも多くの顧客のスムーズな問題解決のため、OKBIZ. は常に進化を続けながらも、変えるべきでないところを変えずに継続しているのです。

ＮＴＴ東日本の従業員という安定した社会人の立場をあえて捨てて、オウケイウェイヴの法人向け Web サービスの開発に長年関わってきた自分の半生について、今はまったく後悔はありません。

第3章

ナレッジマネジメントは、顧客満足のためにビジネスシーンで進化を続ける

高橋　伸之

OKBIZ.

ひょんなことから顧客対応に追われた前職時代

私は、オウケイウェイヴの4期目に入ろうかというタイミングで入社し、Quick-Aのプロジェクトに参画しました。

その前は、あるメーカーの「お客様ご相談センター」に在籍していました。

じつは、在籍時代にQuick-Aを利用していたのです。

当時は、インターネットが急速に一般にも普及していった時期で、私は1995年以降、社内でインターネットを統括的に管理するウェブマスターを務めていました。

その当時、製品の顧客からの問い合わせメールは、ウェブマスター宛てに届いていました。ウェブマスターは基本的に、顧客からの問い合わせに対応する立場ではありません。

というのも、この頃のお客様ご相談センターでは、問い合わせ窓口が電話しかなく、Eメールによる問い合わせに対応する態勢が整っていなかったからです。かといって、お客様からのメールを無視するわけにもいきません。社内の誰かが対応しなければなりませんでした。

最初のうちは、メールによる問い合わせの件数もそれほど多くなかったので、私が対応していました。しかし、インターネットが普及するのに伴って、問い合わせメールの件数もどんどん増えてきたので、徐々にウェブマスターの本来的な業務にも差し障るようになりました。

そこで、いよいよご相談センターへ相談に行ったのです。

「これって、ウェブマスターの仕事じゃないですよね？」と。ただ、話し合いの結果、正式に私が問い合わせメール対応の担当となったのです。ご相談センターのスタッフよりも、私のほうがメール問い合わせ対応に慣れていたためです。

こうしてウェブマスター業との兼務で、顧客からのメール対応をしばらく続けることとなったのです。

手作りで不便だった公式サイトのQ&A集

もちろん、それは暫定的な措置でした。

ご相談センターで不慣れなメール問い合わせに無理して対応するよりも、私を暫定的に問い合わせメールに対する回答の担当者に任命したほうが早いし、顧客のためになるとの判断です。

その頃、ご相談センターでも、電話だけでなくインターネットを活用した顧客対応ができないのかどうか、検討が進んでいました。また、ほぼ同時並行で、製品修理部門からも、全国のサービスステーションの情報をインターネット上で集約・共有できないかと提案があり、この実現可能性についても検討が進んでいたところでした。

今にして思えば、OKBIZ.の機能そのものですね。

1990年代後半の当時は、インターネットやホームページ、電子メールが急速にトレンドとなっていた時代です。当時在籍したメーカーでも、洗練されたデザインのホームページ上に自社製品の説明などを詳細に載せていたのです。

しかし、顧客のお困りごとを解決するようなコンテンツは、ほとんど何も用意されていませんでした。自分たちだけが遅れていたわけではなく、ほとんどの企業が似たような状況だったのです。

「まずは、ホームページを作ること」が、時代の最先端に乗ることでした。

ただし、製品の利用中に故障や不具合などで困ったお客様は、インターネット上で解決策をほとんど見つけられません。そこで、直接メーカーに電話やメールで問い合わせるのが当たり前の時代です。

知らない相手との電話が苦手なネットユーザーも、メールなら気軽に問い合わせられるので、メール件数がどんどん増えていきます。もし、お客様が解決策を公式サイト上で見つけることができれば、時間短縮になりますし、メーカー側でもサポート対応の人件費や手間暇も省けます。

そこで、顧客サポートに関するコンテンツも、ホームページ上で充実させる方針が定まりました。

その一環として、お客様からのよくある質問（ＦＡＱ）を、Ｑ＆Ａ集として掲載していました。

しかし、お客様からは「使い勝手が悪い」と不評でした。最初のうちは、Q&Aの文章をベタ打ちで入力し、単純なテキストデータとしてHTMLでホームページに公開していたからです。

必要なQ&Aを検索で探しにくいため、それぞれのお客様が欲しい解決策になかなか辿り着かなかったのです。

訪問者にとって実際の役に立たないQ&A集を掲載し続けるのでは、企業としての公的イメージにも差し障ります。

そこで、検索しやすさを重視してFAQを早急にデータベース化させ、Webコンテンツに組みこむ必要がありました。

前職では、Quick-Aを利用する立場だった

そんなとき、別の部署の社員から「オウケイウヴェイヴというQ&Aをビジネスにしてい

るユニークな会社があるよ」と紹介を受けまして、それをきっかけにQuick-Aの存在を知りました。

どういうサービスなのか、当時の営業スタッフから実際にプレゼンをしてもらい、Quick-Aの具体的な用途についてレクチャーを受けました。ＦＡＱの管理ツールとしては、実用的で面白いと感じたのは事実です。

ただ、当時のオウケイウェイヴは創業から1年経つか経たないかの小さなベンチャー企業で、知名度もありません。言われるがままにQuick-Aを導入していいのかどうか、まだ不安がありましたし、社内を説得する根拠も薄かったのです。

それで渋谷にあったオウケイウェイヴのオフィスを実際に訪問してみました。３階建ての木造アパートの２階にある一室です。そこで現在の会長である兼元や取締役の福田とも会い、じっくりと膝を突きあわせて話をしました。

法人相手のビジネスを展開している会社にしては、ずいぶん質素なオフィスだとは感じました。けれども、事業ビジョンや、各種サービスに裏づけられた考え方は、壮大でとても興味深いと感じて、正式にQuick-Aを採用するに至ったのです。

オウケイウェイヴの「フットワークの軽さ」が新鮮だった

Quick-Aを導入して以降は、当時のエンジニアの加藤さん（第2章参照）とも、頻繁に話し合いました。

不具合や希望を直接伝えて、その場ですぐに修正してくれたりしていたので、その点はフットワークの軽いベンチャー企業の強みでしたね。

当時の取引先は、ほとんどが日本の大企業ですので、何か希望を通そうとするたびに稟議を通さなければなりません。外資系の取引先であってもそれほど決定が早いわけではなく、正式な回答までしばらく待たされることも多かったのです。

大企業が提供する当時のツールは、大半がクライアントサーバー方式です。

不具合を直してほしくても、取引先とサーバーの管理者が別々だと、意思の伝達などに時間がかかり、いつまで経っても修正されない事態がしばしばありました。

その一方で、加藤さんの対応は今まで付き合ってきた多くのビッグベンダーとは対称的で、新鮮な印象を受けました。こちらの要望を聞いた加藤さんは、ご自分の責任と判断で即座に進めてくれて、その日のうちに要望がシステムに反映されることもありました。他の取引先に感じるもどかしさとは無縁で、自分たちのＦＡＱもどんどん使い勝手が良くなっていましたし、そういったレスポンスのよさが有り難かったです。

Quick-Aは、問い合わせへの回答を迅速化させた

また、ＦＡＱがデータベース化されたことで、ＦＡＱの管理や変更なども簡単に進めやすくなりました。

*Quick-A*を導入する前段階でも、ナレッジマネジメントの概念が社内でも知られていました。顧客からの問い合わせを「ナレッジ」として共有することが、カスタマーサポートを充実させ、似たようなトラブルを抱えた他の顧客も自己解決できるという話です。

ただ、ナレッジマネジメントを具体的に実践できていたわけではありません。過去のお問い合わせ内容は、ご相談センター内部のみに閉じられた形式で、オペレーターを中心と

した社員らに共有されていたにすぎません。
また、事業部などからご相談センターへ、製品スペックなどの詳細情報が届けられていました。お客様から、製品の性能などについてお問い合わせがあったときに対応するためです。

ただ、製品の性能に関するお問い合わせは決して多くありません。問い合わせのほとんどは、トラブルや疑問、悩みに対する解決を求めるものです。

つまり、お客様ご相談センターで保有しているナレッジが、顧客のリアルな要望に応えられる態勢になっていなかったのです。このやり方では、ほとんどのお問い合わせへの対応に時間がかかってしまいます。

回答がナレッジとして共有されていない問い合わせは、いったんバックオフィスで引き取って、事業部などに回答を確認し、返答を待ってからお客様に正式なお答えを返す必要があるからです。それでは、不満や不安、不便さを抱えたままお客様を長く待たせるため、顧客満足度にも悪影響を及ぼしかねません。

そこで、Quick-A の機能のひとつを活用しました。専門性の高いお問い合わせが寄せられて、ご相談センターのオペレーターのみでは責任を持った回答ができない局面では、各部署の責任者ともお問い合わせ内容を即座に共有できるようにしたのです。

専門家が直接にシステム上で回答を書き込めるようにすることで、コミュニケーションの損失を大幅に減らし、対応スピードも上がりました。質問をする顧客側と、回答をするメーカー側との双方にメリットがあります。

オウケイウェイヴの事業理念に共感

このメーカーに在籍していた最後の2〜3年間は、Quick-Aの一利用者として過ごしてきました。直接に対応してくださる加藤さんをはじめ、オウケイウェイヴのメンバーとの人的関係も密なものになっていきました。

その縁もあって、OKWAVEへ転職することにしたわけです。

「新しいサービスを一緒に作りませんか」と誘われたのも、転職の重要なきっかけです。

兼元によれば、Quick-A の基本コンセプトは、Q＆Aというコンテンツの範疇を超え、企業の発展に繋がる有力なソリューションになるというのです。企業のQ＆A集を「A」を出す企業側の都合で作成するのでなく、「Q」を発する顧客ベースでまとめる。一貫して顧客の立場に立ちながらサービスを考える、その兼元の事業理念に共感しました。

CtoC のQ＆Aサービスである OKWAVE を運営し続けてきたことから、Quick-A という法人向けQ＆Aサービスにまで発想を広げて、めざすべき目標を再設定できたわけです。

また、メーカー時代の私は「ああじゃない、こうじゃない」と、思う存分に Quick-A への要望を伝えていました。

こうした Quick-A ユーザーとしての視点の蓄積も、Quick-A の進化に活かせると考えていました。プログラムの技術的な不備までは指摘できないとしても、「こうしてほしい」「こうなると、もっと使いやすいよね」といった、素朴なユーザー目線からのアイデア出しには自信がありました。

メーカー時代には気づかなかった、オウケイウウェイヴの内情

入社してから苦労したのは、当時のQuick-Aがなかなか思い通りに動いてくれないところです。ユーザー企業から受けたリクエストをもとにして、すぐに修正できるのは、大企業ではなかなか真似できないベンチャーIT企業の大きな優位性です。

しかし、その裏でオウケイウェイヴは、幾多の困難を乗り越えてきたのです。

クライアントの要求に応えて、Quick-Aが仕様変更を繰り返しているうちに、たびたび表示がおかしくなったり、サービスを一時停止せざるをえなかったりする場面がありました。しかし、機能追加をすると、別の部分で不具合が生じたりすることもあります。

クライアント満足を獲得するために、エンジニアはクライアントのあずかり知らない場所で、まるでモグラ叩きのように不具合の修正・改善をひたすら繰り返していたのでした。

こうした陰の努力に、メーカー時代の私は思いを馳せることができなかったのかもしれません。

当時はQuick-Aの需要に応えるだけの設備が物理的に整っておらず、サーバーやネットワーク、HDDなどで時々障害が発生していました。

その点では、クライアントの期待に応えようにも、思うように物事が進まない困難に、常に直面していた状況といえます。

現在では十分に対策が採られていますし、物理的にも十分な設備が整っていますので、不具合はほとんどありません。その頃に比べれば、隔世の感があります。

「ユーザーが主役の時代」をQuick-Aがつくるとの確信

入社してから3年ほど、私はQuick-Aのクライアント企業を一社ずつ訪問して、カスタマーサポート担当者から直接にお話を伺ったり、Quick-A開発者の要望を担当者へ伝えたりしていました。

当時のクライアント企業が、Quick-Aに期待する声は「Q&AをHTMLでベタに書くよりも、コンテンツの管理がしやすい」とか「検索しやすい」「書き換えやすい」といったものでした。

しかし、私は当時からQuick-Aの可能性はそのような技術的な範囲だけにとどまらないと認識していました。

ナレッジマネジメントを具現化し、一般ユーザーがQ＆Aコンテンツを自由に閲覧できるようにすることで、カスタマーサポートのコストを削減し、顧客満足度を引き上げ、企業の対外的評判も向上させ、ひいては売上げアップと企業の持続的発展にも繋がっていく……。それがQuick-Aに当時から秘められていた潜在的な将来性です。

当時から「ユーザーが主役の時代」に即したサービス内容だという確信がありました。

私はしばらく、そうしたQuick-Aの発展的な使い方について、まるで各企業に対して啓蒙してまわるようなアピールを続けていました。

法人向けのWebサービスで、このようなアフターフォローをしている企業は、当時ほとんどありませんでした。せいぜい、ツールの基本的な使い方を説明したり、個々の不具合を修正対応するぐらいのものです。

ツールの具体的な運用や役立て方にまでサポートの手を緩めない、ときにはコンサルティングのような個別相談にも乗っていたわれわれの姿勢は、業界内でも珍しいものでした。大企業には、この機動力の高さやフットワークの軽さは真似できなかったのだと思います。

それぐらい思い切った行動を起こせたのも、Quick-A、OKBIZ.に秘められた将来の社会的影響力や発展性を、兼元や私が信じ切っていたからだと思います。

「FAQマネジメント」を体系化し、出版へ至る

今でこそ「FAQ」という言葉も一般的になりましたが、2000年代初頭では、まだそれほど世間で知られていた言葉ではありませんでした。Q&A集や用語集は、各企業のホームページで盛んに作成されていましたので、まだなじみがありました。ただ、「FAQ」「よくある質問」という言葉を見聞きしても、「どういう意味?」と疑問や違和感をおぼえる人が多かった時代です。

そこから私は、ナレッジマネジメントの応用で「ＦＡＱマネジメント」というものを体系化する必要性を感じ、２００８年に『問合せに悩む会社のためのＦＡＱサイト作成＆活用ガイド』（兼元謙任との共著　翔泳社刊）を出版させていただきました。

この本は、カスタマーサポート部門を抱える企業が、顧客対応などの煩雑な作業量や派遣社員などの人件費の高騰といったお悩みを、ＦＡＱマネジメントによって解消できる可能性を書物を通じて伝えたものです。全国の読者から多くの反響を頂きましたし、出版をきっかけに新たなユーザーを獲得することもできました。

「ナレッジマネジメント」、ひいては「ＦＡＱマネジメント」という言葉は、学問的に検討すると堅苦しく感じられるかもしれません。しかし、オウケイウェイヴが世の中へ伝えたいメッセージはシンプルです。システムの力によって各企業の顧客満足度を高め、社会に貢献したいとの思いが込められています。

オウケイウェイヴは、OKBIZ. という優れたＦＡＱマネジメントツールを用意するだけでは足りません。各ユーザー企業が OKBIZ. を使いこなすことができるようにしなければ、われわれの目的は達成されないのです。

そこで、出版した書籍を通じてOKBIZ.の活用法をわかりやすく、社会全体で共有することにしました。

各企業のカスタマーサポート部門の方々も、インターネット上ではOKBIZ.の存在に気づかなくても、書店でたまたま接点を得て、初めて知ることもあるでしょう。OKBIZ.ユーザー企業の裾野を広げることにより、各企業の顧客満足を促進し、さらなる成長に繋げていただきたいとの願いが、この本には込められています。

企業の立場上、公式回答を出せない場合のソリューション

OKBIZ.を通じて各ユーザー企業が作成し、積み上げてきたQ&Aのデータベースは、社内の誰かが想像だけで書いたものではありません。顧客からのリアルな「Q」を受けて、その顧客の問題が解消され、笑顔で引き続き利用してもらうための、渾身の「A」を返したという、生々しいナレッジ実録の集積なのです。

OKBIZ.が集積させる、ひとつひとつのQ＆Aが「元素」だとすれば、そのQ＆Aを社会で共有し、他の顧客にも役立てられることで、組み合わせで様々な「化合物」が生じていくのです。そうして、企業と顧客との間で無数の化学反応が連鎖していくと考えています。

企業が公式に答えなくても、他の顧客で答えられる人がいれば回答を出せるようにして共有する「OKBIZ. for Community Support」のサービスも、個人向けQ＆A「OKWAVE」の応用です。

企業が公式回答として不用意に出すわけにはいかない「A」もあります。いくら正確でも、たとえばオペレーター個人の体験や主観に基づく回答は、SNSなどで企業全体が批判され、いわゆる「炎上」に至るレピュテーションリスクが伴います。

しかし、ユーザー同士でQ＆Aをやりとりできれば、たとえ「A」が単なる個人の見解や感想であっても、それは時と場合によって、ユーザー全体で共有すべき「ナレッジ」になりえます。それで企業の社会的評価が落ちたりもしません。

特に現代では、単独で動く製品が少しずつ減っており、家庭内でもLANなどのネットワークでお互いに繋がっている製品が増えています。無線ＬＡＮの普及によって、コンピュータや周辺機器だけでなく、様々なＡＶ機器や家電までインターネットでリンクされるようになっています。

たとえば、パソコンで作成した文書をプリンタで印刷しようとしたけれども、印刷されない場合には、プリンタが壊れているのか、パソコンに問題が潜んでいるのか、それともその間のＬＡＮケーブルに断線があるのか、少なくとも3通りの可能性があります。ただ、パソコンメーカーのカスタマーサポートでは、パソコンの不具合の可能性しか立場上、回答できません。「プリンタの電源を一度切って、再起動してみてください」など、プリンタやケーブルのほうに不具合がある可能性について、迂闊に触れるとクレームに発展する恐れがあるのです。その点では、企業による公式回答にも限界があると言わざるをえません。

その一方で、問い合わせに回答できる可能性を、他のエンドユーザー一般にまで広げると、同様のプリンタとケーブルを使って、同様の不具合が起きた経験者が解決策を知っている可能性があります。

つまり、そうしたユーザーは、各製品のメーカーの垣根を乗り越えて総合的に回答できるのです。それが、顧客間コミュニティでQ＆Aを投稿し合えるメリットといえます。各企業のカスタマーサポートの皆さまにも、「顧客間コミュニティ」の重要性に対する、より一層の理解を求めていきたいところです。

従来のQ＆Aは、企業と顧客の「1対1」のコミュニケーションですが、OKBIZ. Community Supportが実現する顧客同士のコミュニケーションは「1対n」「n対n」です。Q＆Aで繋がる組み合わせが幾何級数的に広がります。

多種多様な角度から回答が寄せられる可能性もありますし、回答が難しいレアケースに関する問い合わせでも、世界のどこかに回答可能なエンドユーザーがいて、貴重な暗黙知がナレッジとして共有されるかもしれません。

また、Community Supportの中にも企業アカウントが作れますので、ケースによっては企業側の公式回答を投稿することも可能です。

ＦＡＱマネジメントの「資格」も整備

また、HDI Japan（日本ヘルプデスク協会）で、「ＦＡＱマネジメントスタンダード」と呼ばれる、企業がＦＡＱを運用する上で気をつけておきたい標準的目標を体系的にまとめる作業も進めました。

確かに、OKBIZ. というＦＡＱマネジメントシステムを業界に先駆けてリリースし、普及に貢献してきた自負はあります。ただ、現実問題として、オウケイウェイヴのような歴史の浅く、知名度も決して高くない私企業たった一社が、業界の垣根を越えて公式サイトを運用するあらゆる企業で通用すべき業界標準を作成することには無理があります。

いや、業界標準を作成すること自体は可能でも、その標準的ガイドラインを社会の隅々にまで浸透させることが難しいという壁がありました。

そこで、ＨＤＩのような国際的な裏付けのある組織の力を借りながら、いわばお墨付きを得た上で、業界標準ガイドライン「ＦＡＱマネジメントスタンダード」の普及を促進させているのです。

現在は、「ＨＤＩ　Ｅサポートスペシャリスト」という資格の試験問題のもとになっているテキストを作成するなど、ＦＡＱの業界標準を普及促進させる活動の運営面に関わっています。

Ｅサポートスペシャリストは、電話での問い合わせだけでなく、ＥメールやＦＡＱマネジメントシステムなど、インターネットとデジタル情報管理を活用させた顧客サポートの専門家を養成ならびに選抜する資格です。

顧客がＰＣやスマートフォン、タブレットなどを使って問い合わせを行なうのが当たり前の時代だからこそ、その期待にスムーズに応えられるよう、知識と技能を十分に身につけたサポート専門人材の必要性が年々高まっているのです。

よって、認定資格という、目に見えるわかりやすい基準を設けたのです。

ＦＡＱの運用に関する公的資格を通じて、ＦＡＱマネジメントシステムの普及を図ったのです。

カスタマーサポートに予算を割く企業は、ごく少数

ただ、ＦＡＱマネジメントの普及を図る上でも壁はありました。各企業がカスタマーサポートに割り当てている予算が総じて少ないところです。

そのため、ＦＡＱマネジメントシステムを導入していただく原資が不足し、稟議を出しても決裁がおりないので、なかなか正式な契約に至らない難しさがありました。

その点も含めて、OKBIZ.ひいてはＦＡＱマネジメントシステムの有用性を、企業の決裁権者にもアピールしていく必要があったのです。

もし、「ＨＤＩ　Ｅサポートスペシャリスト」の資格を取得した従業員に対して、他の国家資格の取得者と同様に特別手当が支給されたりすれば、そのような実質的な昇給がサポート業務へのモチベーション向上にも繋がるでしょう。

しかし、そのような企業は見当たりません。

同じく顧客満足を目指すはずの部署であっても、マーケティング部門とカスタマーサポー

ト部門とでは、企業が重視している度合い、あるいは優先順位が大きく異なり、その差異が予算の額にもあらわれています。「コールセンターは、コストセンターだ」と言う人もいるぐらいです。

カスタマーサポートに関する部門は、縮小が可能ならそれに超したことがない、という認識の企業経営者もまだ多いのが現実です。

カスタマーサポートは、売上げを向上させるポテンシャルを秘める

ただ、カスタマーサポートが顧客満足と直結している最前線部門であると認識し、マーケティング予算の一部を投入し、サポート対応するオペレーターの人員を拡充しているような企業は、おおむね業績が良くなっています。

メーカー企業でも直販部門を持つところが増えました。

しかし、特に国内の大手メーカーは流通を家電量販店やデパート、ディスカウントストト

アなどに任せてしまっている例がまだ多いのです。

流通を他者任せにしている昔ながらのレガシーなメーカーは、カスタマーサポートをおろそかにしている傾向が強いです。

一方で、ネットビジネスを中心に展開してきた企業などは、カスタマーサポートの重要性を昔から認識しているところが多く、ＦＡＱマネジメントシステムの導入にも前向きです。

こうした意識の差が、これから業績の差へも反映され、ますます差が広がっていくことでしょう。


もはや、カスタマーサポートは地味なバックオフィス業務でなく、顧客のお困りごとや要望とダイレクトに接触する営業部門の有力な一部として捉えるべきなのです。実際、カスタマーサポートこそが、これからの時代の売上げを創り出す原動力であり中核だと理解している企業は、セールス面で成果を出して伸びています。

アメリカではすでに、ＦＡＱが顧客満足を引き上げる有力な要素と認識されて、ＦＡＱ

マネジメントシステムは、ＣＥＳ（Customer Effort Score：顧客努力指標）の向上に直結すると考えられています。ＣＥＳは、顧客が努力せず楽に課題解決できるほど数値が上がるスコアとされているため、ＣＥＳやＦＡＱマネジメントシステムは顧客満足度とも深く関連しているものと認識されているのです。

日本のビジネスシーンでも近い将来、そのような認識が一般的になっていくと考えられます。

特にデジタル化、モバイル化が進むとＦＡＱのようなセルフサポート（自己解決）の傾向は拡大していきます。

若年層は、テキストベースのコミュニケーションスタイルが当たり前なので、スマホを使ってより利便性を求めて「早く・簡単に」用を済ませたい傾向です。旧態依然とした「コスト削減」や「呼量削減」を企業の目的としていると、利便性を追求する顧客とはギャップが広がってしまうばかりです。

まさに「顧客第一主義」が求められるのです。

カスタマーサポート部門がなくても、ＦＡＱマネジメントが役立つ

ただ、ＦＡＱの普及度には文化の違いもあると思います。アメリカでは、顧客が不満を持つとクレームをすぐに入れるので、顧客が何に困っていて、何が不服なのか、企業にとっても顕在化しやすく、ＦＡＱが充実する素地がすでに整っているのです。

一方で、多くの日本人顧客は、企業の商品やサービスに不満を持っても飲みこんで、クレームをいわずに黙って離れていく傾向があります。よって、クレーム数が比較的少ないので、ＦＡＱが充実しづらい面があります。

しかし、OKBIZ. のようなＦＡＱマネジメントシステムが、前例のあるクレームを集約・整理してサイト上に掲載していくことで、顧客が離れづらい環境が整備されていくと考えられます。日本でもＦＡＱの未来は明るく、まだまだ大きな可能性を秘めていると考えています。

かつて、OKBIZ.（Quick-A）のユーザーの中に、有名な中華料理店がありました。

この中華料理店は、Quick-A を導入したことをきっかけに売上げが約３倍にも伸びたというのです。

そもそも、中華料理店にはカスタマーサポート部門がありませんし、専属のオペレーターもいません。多くはホールスタッフが予約電話応対を兼ねていることが多いのです。そこで「うちの子どもにアレルギーがあるので、料理の食材からエビは外してくれないか」とか「こういうコース料理を用意してくれないか」などの問い合わせがあれば、個別に回答し、必要に応じて要望に応えなければなりません。こうした負担がスタッフに蓄積されると、電話応対が雑になることもありますし、お客様への印象も悪くなり、顧客満足度が低下するおそれが生じてきます。

その点、ＦＡＱをあらかじめサイト上に掲載しておけば、ＦＡＱの段階で疑問が解決するお客様も増えますので、電話応対もスムーズになります。ＦＡＱを読んで、すでに問題が解消されているので、問い合わせではなく、いきなり予約の電話になるのです。もちろん、インターネット系の事業と異なり、サイトの説明を読まずに電話予約する方も多いのですが、それでも負担は軽減され、客単価も向上して売上げの増大に繋がるという喜びの声が得られました。

ひとりひとりのお客様と、真剣に向き合うためのシステム

もっとも、当初は「問い合わせでよくある質問を、ＦＡＱというWebコンテンツにして公表することで、問い合わせ数が減り、カスタマーサポート部門のコスト削減に繋がる」という表現で、Quick-A（OKBIZ.）のベネフィットを訴求していたのは確かです。

ただ、実際問題としてどれだけコストが削減できるかは測定不能です。公開ＦＡＱを見て、電話やメールでの直接問い合わせを辞めたお客様は、自ら名乗り出てくれないからです。

とはいえ、公開ＦＡＱのおかげで問い合わせ対応の負担が比較的軽くなったオペレーターが、ひとつひとつの問い合わせに正面から丁寧に応えたことによって、顧客満足が向上し、その企業についての好意的な口コミが広がったり、紹介が発生したりすれば、売上げの向上にも繋がります。

つまり、現代のＦＡＱマネジメントにかけるべき費用は、一種の広告宣伝費に相当するものと言えるのです。しかも、テレビＣＭや新聞広告などの一般的な宣伝費より高い効果

を望めます。

不特定多数へ流すＣＭや広告の効果は、予測値か期待値でしかありません。ＣＭや広告に対する顧客からの直接的なレスポンスやアクションを測定できる機会は稀ですが、OKBIZ.のようなＦＡＱマネジメントシステムでは、顧客からの反応を直接得られます。しかも、夜間早朝などの営業時間外には対応できないオペレーターに代わって、24時間３６５日、お客様のお困りごとや課題を解決し続けてくれるのです。

ＦＡＱサイトへの訪問があったすべての人々が満足していると言うつもりはありませんが、ＵＵ（ユニークユーザー）数のうち、一定の割合の方々には満足していただいているといえます。そうした顧客満足の積み重ねの上に、売上げないし営業利益の向上があります。

日本は、ナレッジマネジメントが育ちにくい文化圏かもしれない

日本は伝統的に「職人」「匠」の世界であり、「俺の背中を見て学べ」「10年修行して一人

前」という価値観が、今でも社会のそこかしこで連綿と残っています。マニュアルを作らずに、実際の業務の中で新人に仕事を覚えさせる「ＯＪＴ（オン・ザ・ジョブ・トレーニング）」も、日本の企業活動内では一般的に馴染みがあります。

丁寧に教えるのは、一種の野暮なやり方であり、正解をひとつに定めるよりも、各々の新入社員が解釈して仕事を覚えてもらう。ある意味で、新人を信じ、委ねているともいえますし、一方では、売上げにすぐ直結しない新人教育をコストとしてできるだけ省きたい企業の本音が現われているともいえるかもしれません。

また、仕事を進める上で有効な知見を、先輩社員のみが抱え込んで、知識の差を力の論して誇示したい本音も見え隠れします。

「自分も苦労したんだから、お前も苦労しろ」という発想に基づいているのかもしれません。営業や企画、コンサルティングなど、形のない業務部門で、そうした「ナレッジの出し惜しみ」が見られがちです。優秀な後輩社員へ丁寧にノウハウを教えたせいで、自分の出世が遅れたら損ですからね。

つまり、言葉にせずに曖昧な意識としてノウハウを共有する「暗黙知」を重視する日本社会では、ノウハウを明確に顕在化された言語化して整理する「形式知」を重んじるナレッジマネジメントは普及しづらいようにも思えます。

ナレッジマネジメントは、多文化が融合するコミュニケーションの中で、可能な限り曖昧さを排したい米国文化で発達してきたものです。

持っている物を見せず、控えめにしておくのが日本人の美徳ですから、持っているものをすべて出して誇示する米国人のカルチャーとは相当に懸け離れています。

とはいえ、直弟子には厳しく、そう簡単に秘訣を教えない堅物の職人さんであっても、外部の人がノウハウを尋ねれば、ある程度は言葉にして答えてくれるではありませんか。

つまり、日本社会でもナレッジマネジメントが育っていく素地はあるのです。

さらに言えば、日本独自のナレッジマネジメントが確立され、そのよさが国際的に理解されれば、将来的に海外へ輸出される展望もありえます。

新人だって、わからないことは遠慮なく先輩に尋ねていいいし、仕事の勘所を掴むのが苦手な新人には、業務時間外でも先輩が丁寧に教えて脱落しないようにします。

何かを知らない人に対して、それを知っている人が教える。知らないことを知らないとして、素直に尋ねられる。そうしたナレッジマネジメントのシンプルな核心をオンライン環境上でQ＆A形式に凝縮し、具現化させたものが、法人向けのOKBIZ.であり、個人向けのOKWAVEなのです。

さらに、このしくみをより円滑に循環させるものが「感謝」の気持ちでオウケイウェイヴでは「感謝経済」と読んでいますが、その話は別の機会としましょう。

言葉にならないナレッジを、言語化して管理するシステム

ナレッジマネジメントでいう「ナレッジ（knowledge）」とは何か、正確に定義することは難しいです。

辞書的な意味は「知識」です。言葉の意味などに代表される知識は、基本的には時代によって、あるいは人によって変化することのない恒久的・普遍的なものです。時代によって多

少の変化があったり、別の使い道が増えたりすることはあっても、時代や空間を超えて、人類全体で共有できるのが知識の本質なのかもしれません。

とはいえ、ナレッジマネジメントの対象は、知識だけでなく、人の五感で感じ取った、あらゆる意味の「経験」「実体験」「解決方法」などが含まれます。つまり、ナレッジマネジメントが取り扱う「ナレッジ」は、通常の意味よりも幅広く多様なのです。

マニュアルには操作方法が書いてありますが、ある条件下ではマニュアルの方法どおりに操作しても不具合が生じるとします。だとしたら、あるひとりの失敗経験とその克服法が、エンドユーザー全体の貴重な共有財産、つまりナレッジとして昇華されるのです。

ただし、ナレッジマネジメントは学問から派生した言葉です。

それ自体では概念的・抽象的であり、具体的な形が見当たらないことも多くあります。というのも、人々の脳内から未だアウトプットされていない暗黙知も含めて「ナレッジ」だと考えられるからです。

ビジネスの現場では暗黙知のナレッジを、具体的な言葉として取り出し、目に見えるナレッジとして整理しながら、維持管理していかなければなりません。カスタマーサポートの現場において、暗黙知から生み出された主要なナレッジこそ、FAQです。

OKBIZ.は、FAQの生成と管理に特化した法人向けのナレッジマネジメントシステムです。ITとネットワークの力によって、人々の暗黙知を、言葉として具現化された形式知としてアウトプットさせ、整理・共有するという社会的使命を担っています。具体的な「質問（Q）」をもらうことで、ユーザーや企業内の暗黙知が「回答（A）」として引き出されるのです。

OKBIZ.のプラットフォームは、先輩と後輩、師匠と弟子のような上下関係ではなく、同じ製品やサービスのエンドユーザー同士、ファン同士のつながりですから、フラットな関係性の上で成り立っています。「教えた側が損、教わった側が得」とはならず、知っているナレッジを教えた側も、気分が良くなります。

そうして、お互いにナレッジを教え合うコミュニケーション環境が整うことで、ユーザー同士の結びつきが強まり、その製品やサービスへの愛着も沸いてくるでしょう。

ＳＮＳの企業アカウントは、個人アカウントと交流すべきか

ほかにも、顧客と頻繁に接触するサポート現場には、いくつかの恒久的なナレッジや一時的なナレッジが存在します。

たとえば、トラブルシューティングや用語集、マニュアル、キャンペーンＰＲなどです。つまり、各社のカスタマーサポート部門ごとに、重点的にマネジメントすべきナレッジが何なのかを明確にした上で、従業員の間で同じ認識を共有しておかなければなりません。事業規模、業種、あるいは顧客層などによって、適切に管理すべきナレッジ、ひいてはＦＡＱが異なる可能性があります。

ＳＮＳの企業アカウントは取り扱いが難しく、露骨な新製品告知やプロモーションにしか使われないことも少なくありません。企業アカウントの「中の人」が下手に振る舞うと、大量の批判が寄せられることによって「炎上」し、一般的な企業イメージが悪化するリスクがあるからです。その点、企業アカウントでエンドユーザーからの問い合わせなどに丁寧に答えて、サポートする意思が伝われば、そこからファンの裾野が広がっていく展望もありうるのです。

たしかに、企業と個人の双方向コミュニケーションは、一定のリスクがあります。守るもののない個人がクレーマーになり、SNSなどで悪評が広まれば、企業にとっては手痛いダメージとなります。そこで、個人アカウントからの自由な投稿を許さず、対等なコミュニケーションの可能性を封じる企業も少なくありません。ただ、それではインターネット出現前の、昭和時代の企業の対応と変わりません。

そうした旧態依然とした対応はリスクを減らす代わりに、企業の評判を高めるチャンスも閉ざしかねません。

たったひとりだけかもしれませんが、顧客の率直かつ厳しい意見や感想の声を正面から受け止める企業姿勢が大切です。そのうえで、その期待にこたえる対応を採ろうと試みる様子が見えれば、かえって社会的好評を呼び込むきっかけになるからです。

ただし、厳しい声に対して、怒りや動揺が見える感情的な文章で、あるいは書く必要のない余計な文言まで含めて回答すれば、その弱みに付け込まれて、火に油を注ぐ結果となりかねません。

クレームに対する回答によって、好感のほうへ、あるいは悪評のほうへ、どちらへも転がりうるのです。

メーカーは「ハイテク」でなく「顧客本位」にシフトせよ

Q&Aをベースにした企業と顧客のコミュニケーションでは、クレームに対して的確かつ冷静に回答するマネジメントも重要になります。ただ、インターネットが一般に普及して20年余りが経過し、企業が厳しい意見に触れる機会も増え、適切に対応する暗黙知も共有されているように思います。

特に日本では家電量販店の流通が発達しています。そのためか、メーカーが顧客側の視点にまで下りてコミュニケーションを採ることを軽視してきた嫌いがあります。なぜなら、顧客の疑問を家電量販店のスタッフがことごとく解決してきたからです。

アフターサポートが充実している量販店では、購入後でも丁寧に問い合わせに答えます。顧客の側も、店舗があり店員の顔が見えている量販店のほうが、問い合わせのハードルが下がるのも事実です。

メーカーのカスタマーサポートに電話で問い合わせても、事前にボタン操作を強制されたり、しばらく待たされたりして、ナビダイヤルで余分な電話料金を取られたり、それだけでストレスが溜まることがあります。

それも、カスタマーサポートに十分な予算を割けないからでしょう。売上げに直結しないカスタマーサポートよりも、営業や開発部門に人員や人員を割り当てたいメーカー企業の本音で裏づけられています。

日本では、流通が大きな力を持っているのです。

もし、流通の販売力にメーカーが依存して、顧客とのコミュニケーションをおろそかにすれば、メーカーはますます、顧客の求めない機能をたくさん詰め込んだ、的外れな製品を開発し続けます。

安くて性能がいい、ハイテクのものづくりの国という過去の栄光にあぐらをかいて、近ごろの日本メーカーは、必要以上には高性能かつ高価な製品を作り続け、それを「ジャパンブランド」だと自己認識してきました。

しかし、ユーザー視点の欠落したものづくりは、やがてユーザー離れを起こし、販売不振に陥る根本原因となります。

その一方で、シンプルで必要最低限の機能がある、デザイン性の高い製品をグローバルに販売する、米国や中国のメーカーは業績が右肩上がりです。日本のメーカーは「ものづくり」の座を奪われようとしています。

「このテクノロジー、凄いだろ」という、技術力ありきの商品を、かつての日本企業は得意にしてきましたが、そのアプローチは現代においてなかなか通用しなくなっています。そうではなく、技術力はむしろサービスに付随するものになりつつあると言えます。

ドローンを例に挙げれば、その飛行力や安定性、コンパクトさなどを追い求めるのではなく、「この技術を何に使うのか」を考えられる企業が優位に立ちます。たとえばAmazonなら、配達員が届けるのが難しい山岳地帯や島嶼部、僻地などへ商品を届けるために、遠隔操作や自動飛行が可能なドローンを使うのです。

どこまでも「顧客が何を求めているか」という視点を徹底し、「顧客が求めるサービスに、どのようなテクノロジーを載せるか」という発想で一貫させています。

カスタマーサポートを充実させれば、マーケティングも解決する

インターネットの発達前なら、メーカーは顧客との間に距離を置く「殿様商売」のような立場でも許されたかもしれません。

カスタマーサポートの仕事の一部を、家電量販店に任せても通用したのでしょう。ただ、これからサブスクリプションのビジネスモデルが普及していけば、メーカーは「作ったものを売ったら終わり」だと言っていられなくなります。

ユーザーとの間で、継続的かつ信頼関係に裏づけられた関係性を維持することが、メーカー企業の売上げに直結するのです。どこまで顧客の領域へ踏み込んで、どこまで対等に手を繋ぎ続けていけるか。それこそが、現在かつ将来のメーカーにとって喫緊かつ最重要の課題です。

継続的な関係性を維持することで、ユーザーからのフィードバックを受ける機会も増えますし、フィードバックを新製品の開発や既存製品の改良に繋げて、さらなるファンの獲得チャンスを広げていくことができるのです。マーケットリサーチを、リサーチ会社に依頼することなく、顧客との生のコミュニケーションで進められると言い換えてもいいでしょ

う。

特に化粧品メーカーは、モニター調査を頻繁に行なって、製品の品質維持と向上を図っています。製品のターゲット層に該当する人々を10人ぐらい呼んで、リアルな使い勝手に対する感想や意見をもらうのです。それも、間にデパートなどの流通が入ってきた歴史が長かったために、顧客とメーカーとの距離が遠く、それでモニター調査が発達してきたのです。もし、顧客とメーカーのQ&Aコミュニケーションを密に採れば、モニター調査の必要性はほぼ無くなり、コストカットに繋がるでしょう。

OKBIZ.はサブスクリプションで、顧客第一主義を徹底する

OKBIZ.は、いわば「サポートセンターのサポートセンター」です。もっとも、サポート部門以外でOKBIZ.を使っていただいている企業もあるのですが、おおむね8割以上は外部顧客向けサポートセンターや、社内向けヘルプデスクからの需要に応えているサービスとなっています。

クライアント企業のカスタマーサポートに対して、OKBIZ. の一連のサービスについて使い方をセミナーやトレーニングなどの場を設けてレクチャーし、場合によっては具体的なお困りごとに対して、個別に相談に乗っています。

たとえば、商品やサービスが売れれば売れるほど、お客様からの問い合わせが全体として増えていくでしょう。

ただ、ある特定のジャンルにのみ問い合わせが偏っているのならば、それは公式サイト上のＦＡＱで触れられていないか、触れられていてもわかりにくい、あるいは検索で見つけにくい状態になっているなどの原因が考えられます。

その場合は、ＦＡＱの新規作成や改善などについて、アドバイスを送らせていただくこともあります。

以前から、OKBIZ. にも競合のサービスがあり、様々なＦＡＱマネジメントシステムが各社から提供されてきました。かつては、ツールとしてどれが優れているのか、機能面や使い勝手などが競われてきて、クライアントの多くもそういった「ツールとしての優秀さ」

を基準に選んできた側面があります。

ただ、現在では、機能面ではどのシステムを選んでもそれほどの差はなく、OKBIZ. 以外のツールでもそこそこ使えるのです。

つまりは、ＦＡＱマネジメントシステム自体も、初めての登場から20年近くが経過し、どの企業のツールでも使い勝手が洗練され、顧客に求められる新機能が出尽くしているため、コモディティ（日常品・汎用品）と化しつつあるのです。

もはや、各社は技術的にほとんど差が見当たらないのです。そうなると、価格競争に陥って、最終的には投入できる資本的余裕やコストカットで優位的な立場にある大企業が有利になってしまいます。

そこで、オウケイウェイヴでは機能や価格以外の面で優位性を出していきたいと、早い段階から様々な試みを実行してきました。そうした経営的選択のひとつとして、サブスクリプションの採用があったことは間違いありません。

サブスクリプションこそ、「商品第一主義」からの脱却という方向性の延長線上にあるのです。素晴らしい商品やサービスを創って提供することは、もはや理想論でなく、現代の企業にとって最低限で果たすべき命題になっています。商品やサービスは素晴らしいことを前提にしたうえで、商品ではなく顧客を第一に置く姿勢こそが、その商品なりサービスなりが選ばれていく根拠になるのです。

アプリケーションを提供するだけでなく、その運用面まできめ細かくサポートできなければ、クライアントの満足は得られない時代に差しかかっているのです。この20年間で、ビジネスシーンは大きく様変わりしています。

われわれオウケイウェイヴは、ほぼ何もないところから法人向けのＦＡＱマネジメントシステムについて、必要性を啓蒙し、需要を開拓し、早い段階からこの分野の先駆者となってきた自負があります。

しかし、需要を開拓する時代はすでに終わり、これからはクライアント企業の求めるサービスの「開発」を粛々と進めていくフェイズに入っていきます。

オウケイウェイヴの後輩の皆さんには、ぜひ、OKBIZ.に秘められた将来性を信じて、さらなる発展、飛躍を図っていただきたいと思います。

第４章

「顧客満足」こそが企業の財産
サブスクリプションの未来

佐藤哲也（取締役副社長ＣＯＯ）

OKBIZ.

マイクロソフトからの転身

私は約7年前からオウケイウェイヴの事業に参画しています。OKBIZ. の黎明期、Quick-A の時代の話をする立場にはないのですが、代わりに、近年の OKBIZ. の展開や今後の展望などについてはお話しすることができます。

前職はマイクロソフトの日本法人（現：日本マイクロソフト株式会社）で、約 20 年ほど務めてきました。新卒入社して8年ほど在籍したリコーも含めて、営業、セールス、マーケティング全般、あるいはビジネスオペレーションなどを担当してきました。個人向け、法人向け、双方のビジネスに関わっています。

マイクロソフトは外資系で、定年まで勤め上げる人はほとんどいません。私自身もそのつもりはありませんでした。ただ、業績が良かった時期に入社して、居心地が悪くなかったために、転職するタイミングを逸していました。ただ、50歳を迎えたのを機に、他の日本企業で、これから伸びそうなポテンシャルのある会社に移って、もう一度自分を試してみようと、オウケイウェイヴへの転職を決めました。現在は取締役副社長として、OKBIZ.

の事業とOKWAVEの事業を統括しています。副社長となるまでの約7年を法人向けビジネス、特にOKBIZ.に関する事業の責任者を務めてきました。OKBIZ.の製品企画から、営業、クライアント様での導入、運用に至るまで、事業部が一貫して受け持っています。

定期課金モデルで状況を打開したマイクロソフト

私がサブスクリプションというビジネスモデルに初めて接したのは、マイクロソフト在籍時代です。

マイクロソフトが一躍有名になったのは、インターネットを世界中の一般ユーザーへ普及させるきっかけとなったOSである「Windows95」でした。それにともない、ビジネスアプリケーションのパッケージである「Office」シリーズも爆発的に売れました。ゲーム機やパソコン端末もつくっています。

いい商品を作ったからこそ、世界中の皆がその商品を買ってくれる。そういう従来型のビジネスモデルを追い風にして、マイクロソフトは成長してきました。

ただし、そういった「売切り」を前提としたビジネスモデルの大変なところは、ヒット作を安定的に出せなければ、売れ行きがすぐに落ち込んでしまう点です。「95」のように、Windowsのパッケージを店頭で並んで買う人は、現在まず存在しません。熱狂はいずれ冷めてしまいます。Appleをはじめとしたライバル企業も強くなっていますし、マイクロソフトは業績の不安定な時期を味わってきました。

そこで、売切り型のビジネスモデルからの脱却を目指して、マイクロソフトが当初打ち出したのは「アニュイティ型（annuity 年額課金型）」というビジネスモデルでした。

売切り型ですと、一度販売すると購入者はずっと使っていられます。しかし、アニュイティ型にすることで、1年間、3年間、5年間などの使用期限を設けて使ってもらえるようになります。商品やサービスを販売するというより、その「利用権」を販売するイメージです。

そうしたアニュイティ型のサービスをマイクロソフトは主に法人向けに展開していました。しかし、売切り型の商品、サービスが前提に占める売上げの割合がまだまだ大きかったので、まだ移行期の狭間にいたといえます。

そうしたタイミングで私はオウケイウヴェイヴに転職することにしたのです。

オウケイウヴェイヴを転職先に選んだ理由

マイクロソフトでは移行途中だったサブスクリプションの事業モデルが、これからの時代のビジネスの基本になる予感はしていました。

なぜなら、サブスクリプションこそ、顧客と企業の長期的な信頼関係を主軸にしているからです。

顧客満足を継続的に提供すればするほど、それだけ売上げが拡大していくのです。そして、将来の月の売上げをおおよそ安定的に予測できるというメリットもあります。

売上げが派手に上昇していくことは少ないですが、よほど会社の信頼が失墜するような不祥事が起きない限りは、売上げが急激に落ち込むこともありません。将来の売上げをある程度見越せることは、経営者にとっての安心材料でもあります。

そして、将来の収益を見据えて、広告宣伝などの「次の一手」を早めに打てれば、経営者にとって使える武器が増えることをも意味するのです。

私がオウケイウェイヴに注目した最大の理由には、ほぼ創業当時からサブスクリプションモデルによって事業を展開していた点があります。

OKBIZ. の前身であるQuick-Aは、ASP（アプリケーションサービスプロバイダ）として、まだ「クラウド」というネット用語が普及する前から、インターネット上でソフトを提供しています。Windowsなどのようにパッケージソフトの売切りを前提としていないからこそ、最初から「月額課金」という発想にもとに事業を進めてきています。


オウケイウェイヴへ私が転職した２０１３年当時、サブスクリプションの威力や将来性について、先駆者である兼元らに比べ、その魅力を社員がそれほど理解していない、そんな雰囲気を感じ取りました。

その頃を前後して、マイクロソフトはサブスクリプションへの転換を模索しており、現在では「Office 365」のような年額・月額課金モデルも一般化しています。従来型の売切りモデル（永続ライセンスモデル）の「Office」シリーズよりも、「Office 365」のほうを積極的にプッシュしているほどです。

サブスクリプションの先駆者に、サブスクリプションの真の価値を伝える

１００社のクライアントがいれば、月の利用料×１００の将来売上げはほぼ見えているというサブスクリプションのメリットに乗って、オウケイウェイヴは成長を続けてきました。

また、クライアントにとっては初期費用が少なくて済むので導入しやすく、営業を仕掛けやすい側面もあります。

ただ、営業のしやすさ、収益の安定性や予測可能性だけがサブスクリプションの長所ではありません。顧客を満足させ、その満足を長期的に維持させる営みが売上げの拡大に直結するという性質こそが、このビジネスモデルの神髄です。そして、兼元や社長の松田が提唱する「感謝経済」と非常に親和性があるとも感じていたのです。

それで、私は顧客満足が収益に繋がるサブスクリプションの神髄について、OKBIZ. を扱う社員に伝えてきました。サブスクリプションで経営的な成功を収めるには何をすればいいかを、社内で共有し、時代様々な仕掛けを講じ続けることで、現在に至ります。

サブスクリプションは顧客満足の継続が、安定的な売上げに繋がるビジネスモデルですが、その裏返しで、企業とお客様との間で、良い意味での「緊張関係」を保つことができるのも、メリットというべきだと私は考えています。

サブスクリプション時代の最重要部門

売切りモデルであれば、商品を引き渡して代金を受け取れば、基本的には契約が終わりです。利用時の疑問点に回答するなど、最低限のアフターサービスはありますが、たとえリピートに繋がらなくても、一回的な契約で十分な収益を得られています。よって、売切りモデルでは永続ライセンスさえ顧客に販売すれば、企業としての責務をほぼ終えているのです。

高額の商品を販売することに注力した結果、販売後の展開が疎かになりやすいのです。

顧客と企業との間で長期的な信頼関係を維持するのは、かえってコストが増します。クレームに繋がってネガティブな口コミに繋がりかねない失礼な行為をしなければ、企業として十分なのです。ただし、カスタマーサポートは「面倒くさい」「コストのかかる部署」という認識が社内で広まりやすくなり、サポート部門に予算が投入されづらい根源ともなっています。

その一方で、サブスクリプションモデルでは、顧客と企業の良好な関係を中長期的にキープできなければ、顧客からすぐに解約され、企業は損失を出してしまいます。サブスクリプションは初期投資が少なくて済みますし、「初月無料」などのお試しサービスも浸透していますので、顧客にとって契約を締結するハードルは低いのです。入口は広く開放しておき、そこから関係性を深く、長期的に育てていくことで、大きな実りに繋げていくことができます。

「初月無料」の期間内に解約する人は、最初からサブスクリプションの顧客にはなりえない属性の者として扱って、企業はそれ以上追いかけるべきではありません。

しかし、課金を決めた顧客に対しては、手厚くサポートを講じなければなりません。

「金の切れ目が縁の切れ目」ということわざがありますが、サブスクリプションモデルの下では「縁の切れ目が金の切れ目」となります。

サブスクリプションモデルで顧客を長期的に満足させられないと、収益はわずかしか得られないか、足が出てしまうのです。

つまり、顧客とのいい距離感を保てるカスタマーサポート部門こそが、企業に長期的な安定収益をもたらす最前線の部署となります。

優秀な人材を営業部門から割り当てることも、サブスクリプション時代には有力な選択肢です。

もちろん、カスタマーサポートに潤沢な資産を割り当てる決断をできる企業が、サブスクリプション時代の経済圏では成長しやすくなります。

企業と顧客の、いい意味での緊張関係

サブスクリプションのビジネスモデルでサービスを提供している企業では、顧客に嫌われないための施策を講じられるかどうかが命運を分けます。サービスや商品を提供する企業の、顧客に対する意識が「ゆるむ」油断や傲慢さが生じることが、企業の没落へと繋がっていきます。

「下手なことをすれば解約される」という緊張感を常に持ちながら日々の業務に就くことを、サブスクリプションはその仕組み自体が企業に求めているのです。

お客様にとってはもちろん、企業にとってもその緊張関係はメリットであると受け止めるべきだと考えています。なぜなら、解約のリスクを克服すれば、それは将来に向けた大きな成果に繋がるからです。

ただし、顧客と企業の緊張関係が解ければ、顧客から解約を言い渡され、関係が破綻する危険性がにわかに高まりますし、へたをすれば同業他社のサービスへ「浮気」されてしまう可能性すらあります。

サブスクリプションモデルを導入した結果、急速に使いやすくなったWebサービスはたくさんあります。使いやすくなったサービスは顧客による好意的な口コミを生み、さらなる新規顧客を呼び込みます。新規顧客を常連客に育て上げれば、サブスクリプションの好循環が回っていくのです。

月額課金ですから、毎月定期的に利用料が銀行口座などから引き落とされます。そのたびに企業のサービスの存在や継続が意識されますので、好意的な印象を抱いていれば、時間が経つたびに愛着が沸いてくることもあります。

ただし、価値がないと判断されれば、解約されうるきっかけのタイミングが毎月訪れることも意味しています。

こうした双方の良好な緊張関係が、企業のサービスを自然と育て、高みへと至らせるものと考えられます。

月額1万円を10人に10か月売れば、100万円を超える売上げを望める

サブスクリプションを成功させるための鍵は、カスタマーサポートを充実させることです。

今までの売切り型ビジネスモデルでは、営業部門こそが企業の売上げに直接貢献するのであって、カスタマーサポートは「おまけ」のような位置づけだった面があります。基本的には、「売るまで」を全力で実行します。

もちろん、売った後のアフターサービスを充実させていると、顧客満足度の高さをアピールしている企業もあります。それでも、営業ほど力を入れているわけではないでしょう。

しかし、サブスクリプション時代のカスタマーサポート部門は、営業部門と同等か、それを上回る重要性をもって捉えられることは間違いありません。

従来のカスタマーサポートとは位置づけが全く異なるために、各企業でその存在価値が改めて見直されていくことは確実です。

たとえば、見込み客１００人のうち、１人に１００万円の商品を買わせることができる

営業スタッフが優秀だとすれば、見込み客10人に月額1万円のサブスクリプション契約を10カ月継続させるカスタマーサポートも、同じく１００万円の売上げを企業にもたらしている点で優秀だと評価できます。

しかも、サブスクリプションを10カ月継続してもらっているのならば、かなり高い確率で11カ月目も契約を続けてもらえるでしょう。つまり、売切り型のビジネスを展開するよりも将来の売上げの不安がやわらぎます。

ひとつひとつの契約で収益を受け取れる将来性が高いので、ひとりひとりの顧客を大切にするモチベーションも高まります。そうして、好意的な口コミが広がれば、さらに新たな契約が自然と舞い込む好転のサイクルができあがっていきます。

これがサブスクリプションモデルに秘められた潜在的な収益性の威力です。

これだけの流れができれば、ビジネスとして強固で盤石なものとなりえます。

近い将来、カスタマーサポートが企業の花形として再評価される

かつてのカスタマーサポートは、「クレーム処理」を担当する部門として捉えられがちでした。「コールセンター」という呼び名も残っていますが、電話による対応を前提にしたやや古い名称です。電話によるクレームでは、大声で怒鳴りつける顧客にも丁寧に対応しなければならず、感情を疲弊させる辛い労働だとされてきた面もあります。

従来のカスタマーサポートは、ともすれば出世から外れた年輩社員や派遣社員、若いアルバイトを配属させるような、決して雰囲気が明るいとはいえない部署だったかもしれません。顧客からの問い合わせ窓口をまったく設けないわけにはいかないが、かといって多額のコストを掛けてもいけないという消極的な認識が、経営者の間でも一般的でした。それで、顧客サポート担当のオペレーターに割く人件費もできるだけ抑えようとしてきたのです。

低賃金で辛い役割を担ってきた厳しい立場が、今までのカスタマーサポートでした。

しかし、これからの時代のサポート部門は、もはやビジネスのコストではありません。企業の悪評が立たないよう、仕方なく設置する部署ではなく、ビジネスを成功に導き、会社を成長させる原動力としての部署となりうるからです。

サブスクリプション型のビジネスを展開する企業においては、むしろ花形の存在として表舞台に立たせなければなりません。

サブスクリプション時代に重要なセールスの考え方は、「レベニューメイキング」という言葉の中にあります。

レベニュー(revenue)とは定期的に入ってくる収入・所得を意味しています。ほぼ同じ意味で、サブスクリプションは「リテンションビジネス」とも呼ばれています。リテンション(retention)は、維持・継続・保持を意味します。もちろん、顧客の維持のことを指しています。

サブスクリプション契約そのものは売上げに直結するわけではなく、まず「繋がりましょう」という企業から顧客に対する関係構築のご提案です。

契約の締結をスタートラインとして、徐々にその繋がりを太くしていくことによって、安定的な収益を毎月挙げていくのです。

サブスクリプション時代には、営業部門の評価が下がる可能性

サブスクリプション型のビジネスモデルで、契約を取れること自体は、企業の売上げにほとんど貢献しません。これからの営業部門も認識を改める必要があります。

その一方で、従来の営業・セールス部門、あるいは広告・マーケティング部門に対する評価がかえって難しくなるかもしれません。

物やサービスを売るのが困難な現代で、契約を取り付けて企業に売上げをもたらす営業部門は、常に高く評価されてきました。サラリーマンでありながら歩合制によって破格の高収入を得る人もいたのです。

また、広告代理店をはじめとして、企業活動を広くPRし、人々に認知させ、好感を伴って記憶させることができる人材も重宝されてきました。

ただし、サブスクリプションのビジネスモデルでは、契約を結ぶことがずっと容易になります。

むしろ、既存客の契約を継続・維持させる対策を取ることに重点が置かれるようになる

でしょう。

よって、解約させずに継続させられる優秀なカスタマーサポートこそが、企業の経営陣から重用され、歩合制によって高収入を得るような待遇変更がなされることもありえます。

そうなると、コミュニケーション能力に自信がある営業パーソンがカスタマーサポート部門へ鞍替えして、新天地でチャレンジすることも十分に考えられます。

今まで、優秀な人材を営業部に配置していた企業に対しては、「もしサブスクリプションを始めるなら、カスタマーサポートに優秀な人材を配置し直しなさい」と申し上げたいです。

顧客の気持ちを敏感に察知できる社員なら、解約という不幸な「別れ」を避け、潜在的に求めているものを提供できる「付き合い」を継続するコミュニケーションに長けています。

顧客に「別れ」を決断させないために、サポートチームは何ができるか、常に考え、フォローを実行し続けなければなりません。

サブスクリプション時代に適応する人事評価を導入すべき

大きな売上げをあげられる営業スタッフだけでなく、定期収入を長期間にわたって維持するマネジメントに長けたカスタマーサポートスタッフも高く評価されなければなりません。

将来、サブスクリプションがより一般的になれば、優秀なカスタマーサポートスタッフのヘッドハンティングなども行なわれるようになるかもしれません。

サブスクリプションの導入をきっかけに、売上げありきではなく「契約の継続」が至上命題になります。

営業やカスタマーサポートのみが、サブスクリプションの契約継続率をＫＰＩ（重要業績評価指標）として課されているわけではありません。ひとりでも多くのサブスクリプション契約を、１カ月でも長く継続させるには、たとえば商品の企画開発部門、システム運用部門、ＳＮＳ担当部門などとの連携も求められるケースもあるでしょう。

問い合わせ内容によっては、ＳＥなどの技術者が直接、メールなどで回答することもありえます。こうした多様な部門に所属する社員たちも、サブスクリプションの売上げ向上に、直接・間接に貢献できるのです。

そこで、営業部門やカスタマーサポート部門だけでなく、全社的な人事評価制度の見直しが必要となってくる企業も現われています。

花形部門のカスタマーサポートを、システムの力で支える

かといって、カスタマーサポート部門ばかりに過度の負担を課しては、企業全体のバランスが崩れてしまいます。そこで、OKBIZ.のようなFAQマネジメントシステムが、その負担を軽減する必要があります。

AIによるチャットボットで、問い合わせへの回答を一部自動化することも可能となっています。

サポートチームメンバー、オペレーター相互の情報共有のために有効なのは、「非公開F

AQ（社内FAQ）」です。

たとえば、同じような問い合わせに対して、オペレーターAとオペレーターBとで、異なるニュアンスで回答すればトラブルの元です。そこで、マニュアルとまではいかなくても、統一的な回答集を作成し、オペレーター全員でシェアしておくのです。

また「50代でゴルフが好きなおじさんへの謝り方」で、喜んでもらえた事例をオペレーターのみでいつでも閲覧できるようにしておけば、将来、同様のシチュエーションに直面したオペレーターが役立てられるのです。

非公開ですので顧客の目には触れない、一企業内のみでシェアするFAQといえます。

こうして、顧客満足を実現させるための独自ノウハウが自然と蓄積されていきます。

昔であれば、ベテランオペレーターが勘と経験でクレームを見事に処理していて、その背中を見て学ぶ……といった現場主義がまかり通っていました。しかし、百戦錬磨のベテランオペレーターが転職・引退すれば、そのノウハウは失われてしまいます。

そうしたベテランの知恵と経験を言語化させた「非公開FAQ」は、その企業にとってかけがえのない資産として、時代の流れに伴って一部、姿を変えながらも、何年、何十年と引き継がれていくことでしょう。

その点、顧客が直面した問題や疑問の自己解決を促進させる「公開ＦＡＱ」とは違った役割を担っています。

ユーザー同士の交流を深める場が、サブスクリプション解約を防ぐ

そして、カスタマーサポートの負担を軽くして、ひとつひとつの問い合わせへの応対を充実させる法人向けソリューションサービスとしてのOKBIZ.は、サブスクリプション型の事業を展開する各企業の収益性を向上する下支えとして機能します。OKBIZ.自体もサブスクリプションですので、そのビジネスモデルの存在を各業界に普及させる役割も果たしていると考えられます。

サブスクリプションを成功させるには、カスタマーサポートに所属するひとりひとりの人的な努力、そしてシステムによる客観的な分析の両方が必要です。それぞれの顧客が、

どれほどの頻度で利用しているのかを把握した上で、利用頻度や利用時間などに応じて、サポートによる対応を変えていく必要があります。つまり、ＩＴ技術と一体化している必要があります。

われわれオウケイウウェイヴは、様々な側面からクライアント企業の OKBIZ. の利用状況を捕捉しています。これはクラウドサービスであり、サブスクリプションである OKBIZ. だからこそできることなのです。

送信したメールをちゃんと読んでもらえているか、契約したお客さんが製品情報サイトを閲覧してくれているか、開催しているセミナーやトレーニングに参加してくれているか、営業スタッフにいつ会ったか、など、お客様との接触頻度やコミュニケーションの手厚さを指標化して把握しています。

さらには、お客様同士がコミュニケーションを取り合える、いわゆる「ユーザー会」も開いています。お客様は OKBIZ. などの新たなシステムを導入したとき、自社にとって最も有効な活用方法について、悩んでしまい、いきなり利用が止まってしまう場面が少なくありません。それでわれわれへ問い合わせが来るのです。

オウケイウェイヴとしては、お客様に対してOKBIZ.の活用方法について、一般的・技術的・機能的なアドバイスを提供することは得意かもしれません。しかし、お客様の個別の利用シーンに応じて、的確なアドバイスを行うことは不得手と言えます。

そこで、利用シーンが似たお客様同士で、OKBIZ.の有効な活用方法を交換し合ったほうが、満足度が上がる可能性が高まります。たとえ同業でなくても、他社がどのような活用方法で顧客満足を達成し、業績を伸ばしているかどうかを知りたいのです。セミナーや懇親会などの場を設ければ、OKBIZ.という共通点のもとに、お客様同士が自然と仲良くなっていきます。そうして連絡先を交換し、後に有用な情報をやりとりしたり、実際にオフィスへ視察に訪れたりすることもあるようです。

つまり、OKBIZ.の利用者同士のオフラインコミュニティですので、OKBIZ.を媒介にしてお互いに繋がっている状態です。

その利用者コミュニティを大切に思ってくれれば、OKBIZ.を心理的に解約しにくくなり、継続してくれる可能性が引き上がります。

こうした利用者コミュニティの構築は、他のサブスクリプションサービスの提供業者でも実現できることです。きっと、顧客満足度やリテンションの向上へと繋がっていきます。

ＦＡＱは、企業キャンペーンの効果を引き上げる可能性がある

法人の売上げを向上させるためのツールとしては、OKBIZ. のようなＦＡＱ管理をもとにしたシステム以外にも、たとえばＣＲＭ（Customer Relationship Management　顧客関係管理）ツールやマーケティングオートメーションツールなどがあります。

しかし、少なくとも日本国内の企業で、これらのツールを的確に使いこなして売上げをあげているところは、まだまだ少ないのではないでしょうか。

ＣＲＭなどのツールに比べ、OKBIZ. のようなＦＡＱ管理システムは非常にシンプルに出来ています。ナレッジを「質問」と「回答」の形式に替えて保存しておき、誰もが検索などを使って必要なナレッジに触れられるようになっています。

この仕組みを使いこなすのは、ＩＴに強いか弱いかは関係ありません。

また、OKBIZ. をマーケティングツールに使うこともできます。

たとえば、カメラメーカーが「今なら、カメラ購入者にケースを1つプレゼント」キャンペーンを開催するとして、特設サイトには「ケースの色は、白・黒・赤があります」と書いてあるとします。そのとき、このキャンペーンに興味を持った訪問者なら「ケースの色は3色の中から自由に選べるのだろうか？」という疑問を持ってもおかしくありません。その問い合わせに、即座に答えてくれたり、ＦＡＱに掲載されたりしていれば、このキャンペーン訪問者は見込み客に転換することでしょう。

つまり、ＦＡＱはトラブル解決だけでなく、新規顧客の獲得に繋げることもできるという好例です。しかも、キャンペーン内容に関心がある人々に対する施策なので、エンゲージメントが高い、つまり企業と顧客の繋がりが深くなりやすいのです。そのため、たとえば広告によって集客するよりも濃い見込み客を集められる可能性が高くなります。

これがもし、サブスクリプションサービスの見込み客なら、最初から長期継続が期待できる見込み客になりえます。つまり、ＦＡＱやキャンペーンとうまく組み合わせることで、サブスクリプションの収益性向上に相当なインパクトを及ぼすことができるのです。

サブスクリプションの利用なし顧客は、放置すべきか

サブスクリプションでは、利用してもしなくても、顧客が月に支払う料金は変わらない料金体型も多いことでしょう。

利用している顧客が料金を支払ってくれているので、とりあえずそのままでいいと思いがちです。

では、利用がなくても毎月支払ってくれる顧客が優良なのかといえば、そうではありません。利用がなければ、いつか必ず解約されるので、利用がないのに毎月課金している顧客は、いつ解約されてもおかしくない危険水域にあるものとして警戒しなければなりません。契約していることをしばらく忘れていて、毎月の利用料が引き落とされているのを気

にしていないだけかもしれませんので、その事実に気づかれたらおそらく解約されてしまうでしょう。誰しも、使っていないサービスや商品にお金を払い続けることは「無駄」だと考えるので、無理もありません。

利用がない顧客に対して、企業側からアプローチをすることは、まるで「藪をつついて蛇を出す」ような行為であり、下手をするとすぐに解約されてしまうリスクが生じそうです。ですから、利用なし顧客を放置するサブスクリプション企業は少なくありません。そのほうが引き続き利用料が入ってくるので、一見すると賢い選択のように思えます。

しかし、ここはあえて、しばらく利用していない顧客に対して連絡を取るべきなのです。

勇気を出して「しばらくご利用がないようですが、どうされましたか」とお尋ねすることが、サブスクリプションの最重要テーマである「信頼関係の構築」に求められる企業の態度です。

尋ねたことをきっかけに解約したお客様には、いずれ近いうちに解約されていたはずです。たとえ尋ねずに放置していても、せいぜい数か月の「延命」ができたにすぎません。
そういった「延命」によって、たとえ数ヶ月分の利用料を余分に稼げたとしても、顧客の継続的なフォローを怠った点で、そういったカスタマーサポートスタッフは、マイナス評価をすべきであると私は考えます。

よって、顧客フォローを講じたのをきっかけに解約されても、気にする必要はありません。

利用なし顧客は、ファンに転換できる可能性がある

それよりも、利用なし顧客に対してお尋ねをしたことにより、かえって関係性が密になる場合もあります。むしろ、そのような顧客の気持ちを大切にして繋ぎ止めるべきなのです。

たとえば、うまい活用方法がわからないまま、サービスから離れているうちに何か月も経ってしまった顧客もいます。その場合は、初心者でも進めやすい活用方法を案内すれば、

感謝して引き続き利用してくれる可能性が高まります。ただの延命ではなく、いわば関係性の「治療」です。こうした信頼関係を築くことができれば、解約されるリスクは大きく減少します。

かつては、あるサービスに対して熱狂的なファンがいるとしても、その販売が一回的な「売切り型」である限り、企業に入ってくる対価は一般利用者と同じでした。しかし、そのサービスがサブスクリプション型に切り替われば、熱狂的なファンを作れば作るほど、長期的に課金してくれるので、企業の収益を伸ばすことができます。

つまり、人々を夢中にさせる魅力的なサービスをリリースする動機付けが、さらに強化されるのです。

マイクロソフト時代に痛感したことですが、いい製品を作って高額で多数の人々に販売し、一気に儲けるというビジネスモデルは、一時的には豊かになっても、いずれ限界に達して没落するときが来ます。

いくら営業力が卓越していても、世の中で買ってくれる潜在顧客の人数には、どうしても限りがあるからです。

もし、「幅」（契約人数）をこれ以上広げられないのなら、今度はひとりひとりの「深さ」（契約期間）を極めていくべきなのです。

解約リスクを低減させるために

クレジットカードやＩＣチップ、コンビニ払いなど、多様な決済手段が整備されている現在では、様々な業界でサブスクリプションのしくみを利用できる可能性がありますが、健康食品・サプリなどの業界も、サブスクリプションに近いしくみを古くから採り入れています。毎月定期的に商品が届き、定期的に決済がかかりますからね。

しかし、サプリを飲みそびれているうちに、手元で何袋も溜まってしまうことがあります。このとき、従来の健康食品業者なら、何もせずに顧客を放置することが多かったかもしれません。ただ、これからのサブスクリプション時代に定期購入で収益をあげたいのなら、「飲み忘れはないですか」「がんばって飲み続けましょうね」などの声かけフォローをこまめに入れていくべきなのです。従来型の定期購読型のビジネスと現代のサブスクリプションの大きな違いです。

そして、現代のサブスクリプションではＩＴ技術と一体になっていることが前提にあります。

解約リスクを低減させるには、顧客レベルを少なくとも4段階で管理しておく必要があると考えています。

われわれとしては、2カ月以上ログインすらしていない顧客を「レベル0」と独自に設定しています。3カ月以上ログインがない顧客は、最後のログインから6か月以内で解約に至る可能性が高いことが、OKBIZ. の過去の利用者統計でわかっています。

そこで、2か月以上ログインがない「レベル0」の段階で対策を採るようにしています。

この「レベル0」を解消させるには、放置するのでなく、声を掛けるべきなのです。

頻繁に利用している常連顧客である「レベル3」のほうは、日常の関係をしっかり保てば大丈夫です。何かトラブルや疑問に直面したタイミングで問い合わせをくださったとき、

GRIP 率と活用レベル

【GRIP 率の可視化】 リアル or Web で既存顧客に「接触できているか」で判断

リピーター	◆ **３ヶ月連続**で標準ユーザー維持	◆サポートサイトを信頼し、情報を求めている ◆提案が喜ばれる
標準	◆直近２ヶ月で **１回以上接触** ・サポートサイトにアクセス ・メルマガの URL をクリック ・トレーニング、セミナー、ユーザー会に参加	◆困ったときにはサポートサイトを利用している
ノーリーチ	◆直近２ヶ月にわたって **接触できていない**	◆ OKWAVE の情報発信を受け取っていない
危険	◆直近２ヶ月にわたって **接触できていない** ◆さらに、**管理画面アクセス無し**	◆利用していない ◆解約リスクがある

【活用レベル】「管理画面を使っているか」を定量的に判断する

レベル3	●**レポートを CSV 出力**している ●**業務実績を CSV 出力**している ▽補足 レベル３に１項目でも該当すれば「レベル３」になる レベル２のアクションが０でも「レベル３」になる	●レポート CSV 出力数 ●業務実績 CSV 出力数
レベル2	● **FAQ 作成**している ● **FAQ 編集**している ●**インシデント回答**している ●**レポート閲覧**している	● FAQ 作成数 ● FAQ 更新 (編集) 数 ●インシデント回答数 ●レポート閲覧 (押下) 数
レベル1	●**ログイン**はしている （でも、FAQ 作成はしていない）	●ログイン数
レベル0	●**ログイン**すらしていない （放置状態。解約リスクあり）	●ログイン数

それに的確に回答すれば信頼関係の構築に十分です。

利用が急に途切れたときは、要注意

厚い信頼関係を築くことができれば、常連の顧客視点から、企業のサービス向上にも繋がる有用な要望をもらえることもあります。

また、さらに高額のサービスをご提案する「アップセル」にも応じていただける可能性もあるのです。

法人向けのサブスクリプションサービスで、ずっと利用してくれていたのに、ある月から急に利用がなくなった場合は、部署の担当者が人事異動で替わったのかもしれません。念のため、確認してみるといいでしょう。引き継ぎが一部不十分で、そのサブスクリプションサービスの使い方が伝わっていない可能性があります。

あるいは、新しい仕事の適応に追われて、使うのを忘れてしまっていたこともありえます。

そうした場合も、新担当者に利用方法を丁寧に案内すると、そこからまた新たな信頼関係が構築され、利用や契約もさらに継続していくことでしょう。

なお、OKBIZ.では、サブスクリプションの利用がしばらく途切れているクライアントを検知して、アラートで知らせる機能があります。

サブスクリプションが様々な業界で普及していけばいくほど、OKBIZ.のようなFAQマネジメントシステムの重要性が改めて見直されていくのです。OKBIZ.を導入した各社のサブスクリプションの成功に貢献することによって、OKBIZ.も普及していくことでしょう。

OKBIZ.の未来は、サブスクリプションの未来とともにあるのだと考えています。

サブスクリプション顧客は、バージョンアップの恩恵を受けやすい

また、サブスクリプションモデルの多くはオンライン上でアプリケーションが提供されるASPを前提にしています。そのため、アプリケーションの違法コピーの問題は生じま

せん。ダウンロードによるインストールなどでアプリケーションが提供される場合には、違法コピーによって著作権侵害が起きたり、企業にとっては売上げが奪われるデメリットもあります。

しかし、ＡＳＰによるサブスクリプションなら、少なくとも違法コピーされるリスクは回避されます。

顧客にとっても、サブスクリプションはメリットがあります。初期投資が少なくて済み、やめようと思えばいつでもやめられる点もあります。

また、オンライン上でアプリケーションが提供されるサブスクリプションの場合、提供企業がバージョンアップなど機能充実の施策を講じたとき、速やかにその恩恵を受けることができます。その点も、顧客側の利点といえるでしょう。

従来のようにソフトウェアなどのパッケージを店頭で購入したり、所有したりする喜びは失われますが、それを上回るメリットを受けることができます。

もっとも、サブスクリプションモデルは、オンラインのサービスだけに限らず、様々な業界に広がっています。

乗用車のサブスクリプションが示す未来

例えば自動車会社でも、サブスクリプション型のサービスがあります。

かつて、自動車は豊かさを享受する日本人の憧れであり、所有する喜びや、顕示する気分などが内包されていたところがあります。しかし、自動車が普及して、世の中ではすっかりコモディティ（日常品）と化し、都市部では駐車場代なども高騰しています。車検代や保険料も高額となっており、家計の負担として重くのしかかっています。そのような時代背景からは、「初期費用を抑えられる」「いつでも手放せる」というサブスクリプションのメリットが、自動車に組みこまれても、受け入れられる素地は十分にあると考えられます。

サブスクリプションは、リースのような単なる分割払いとも異なります。分割払いは、自動車1台の単価を、36回や60回などで分割することで、直近の金銭的負担を軽くするものです。分割払いの金利だけでなく、駐車場代や車検代などの維持費は、別個での負担となります。

その一方で、自動車のサブスクリプションは、車検代や保険料などの維持費まで含めて、月額の利用料が決定され、しかも「いつでも解約できる」という特徴まで込みで成り立ちます。裏を返せば、3年、5年、10年と利用し続けてくれれば、トータルで自動車1台の単価を上回る収益をメーカーは受け取ることができます。

分割払いでは、本体価格と金利を支払い終えれば、それ以上の発展性はありません。しかし、サブスクリプションには顧客との関係を維持し続ける限り、お互いに限りない可能性があるのです。やはり、顧客との好意的な信頼関係を継続的に構築することが、企業の収益向上に繋がっていくといえます。

また、利用する顧客側にとっても、毎月定額で利用できるため、車両費の将来負担を予測しやすくなるメリットがあるのです。

乗り放題の自動車サブスクリプションであれば、走行距離をも気にすることなく定額で利用できます。

サブスクリプションは、形だけ真似しても意味がない

メーカーをはじめ、「物売り」企業の経営者から、やはり「うちでもサブスクリプションを導入したい」と、オウケイウェイヴに相談が舞い込むことがあります。

確かに、定額課金ができる決済システムを整えて、課金と引き換えに顧客へ商品を貸せばいいので、形の上でサブスクリプションを開始すること自体は難しくありません。

しかし、「たくさん売って、大きな利益をあげられる営業部が評価される」とか「コールセンターはクレーム処理の窓ぎわ部署」といったような従来型の企業文化をそのままにしていては、サブスクリプションを成功させることはできません。

「商品をセールスし、買い手から対価を得る」という伝統的な商売とは、根本的に異なる

ことを理解していなければなりません。

お客様との良好な関係性を、将来にわたって継続的に維持させる「リテンション」の努力ができるかどうかが、正面から問われます。その覚悟としくみを整備できていない企業がサブスクリプションを始めても、「レベニュー」の獲得に苦戦し、業績を伸ばすことは不可能でしょう。

そして、サブスクリプションのしくみを理解しようとしない企業は今後、生き残ることが困難になっていくかもしれません。

サブスクリプションは、大企業だけの専売特許ではありません。多くの顧客を確保している中小企業のほうがむしろ、サブスクリプションで事業収入を安定化させられるメリットがあります。

目玉商品を開発して一発逆転を狙おうとする中小企業の経営者は少なくありませんが、仮に当たったとしても、製造ラインの確保などがうまくいかずに、かえって経営破綻のリスクが高まる可能性があるのです。

それよりも、継続収入を盤石にしたうえで、少しずつ手を広げていくほうが有効でしょう。

サブスクリプションの可能性を、株主に説明する難しさ

ただし、このように可能性の大きなサブスクリプションにも難点があります。

それは財務諸表上で、サブスクリプション契約の将来性を正しく評価する指標が存在しないというところです。

たとえ、将来的に継続収入となる可能性が高くても、実際に課金され、収益として企業の口座に入ってこない限り、財務諸表には表れてこないのです。

それは、「売上げ第一」の昭和時代の旧来型ビジネスモデルをいまだに引きずっているからです。

サブスクリプションの場合、現在の売上げを示せれば、仮に次年度で新規契約がゼロだったとしても、継続率（解約率）の予測を出して、売上げの期待値を出すことができます。

現在の売上げが1億円で、年間継続率が90％なら、次年度は少なくとも9０００万円の売上げ予測を立てられる。次々年度は少なくとも8１００万円を確保できるはずだ……と言えるのがサブスクリプションの威力であり強みです。

経営者にとっては非常に大きな魅力なのですが、特に上場企業の場合、このサブスクリプションの魅力を理解していない株主に説明するのが難しくなります。下手をすれば「毎月ちょっとずつ、せこく儲けているだけじゃない?」と思われかねないのです。

よって、サブスクリプションの価値をできるだけ正しく評価できる指標を、早く構築し、普及させる必要があるでしょう。

課金額を適切に設定するコツ

具体的にサブスクリプションサービスを始めるとなると、課金額をいくらに設定するかという問題が浮上します。一般論として、法人向けは数万円から数十万円と高額に設定できますが、個人向けは数百円から数千円の範囲内でなければ顧客獲得は難しいと言えるでしょう。法人向けのサービスは、毎月ある程度の予算を割いても後々で売上げとして回収できる見込みがあれば契約してもらえます。

しかし、個人向けサブスクリプションは基本的に趣味や娯楽などの用途ですから、法人向けほど高額の課金をすることはできません。ただし、家計収入を向上させる目的や、仕事や子育てなどに役立つ内容であれば、月額数千円でも契約してもらえる可能性を見込めます。

CSは、「顧客満足」から「顧客成功」へ

CSというビジネス用語があります。

従来であればCustomer Satisfaction（顧客満足）を指す言葉でした。ただ、サブスクリプション時代に対応するCSは、Customer Success（顧客の成功）だといわれるようになりました。

顧客の成功は、もちろん顧客満足を含む概念だと考えられています。しかし、それだけには留まりません。

サブスクリプションサービスの利用者が、広い意味で「成功」することこそが、そのサービスの提供企業も収益を挙げることができるというのです。

ここでいう「成功」は、企業の経営的な成功のみを指すのではありません。サブスクリプションを通じて、最高の体験・経験をすることまで広く含まれるので、サブスクリプションの動画視聴サイトのような、B to C のサービスにも当てはまります。

つまり、BtoB も、BtoC も、サブスクリプションによって成長している企業は、自分の成功よりも「顧客の成功」を常に考えているのです。

ソフトウェア開発会社 Gainsight の CEO、ニック・メータらの共著『カスタマーサクセス サブスクリプション時代に求められる「顧客の成功」10の原則』（英治出版）によれば、顧客の成功を構成する10原則として、次の項目を挙げています。

（1）正しい顧客に販売する
（2）顧客とベンダーは何もしなければ離れる
（3）顧客が期待しているのは大成功だ

（４）絶えず「カスタマーヘルス」を把握、管理する
（５）ロイヤルティの構築に、もはや個人間の関係は不要
（６）真に拡張可能な差別化要因は、製品のみ
（７）タイム・トゥ・バリューの向上にとことん取り組もう
（８）顧客の指標を深く理解する
（９）ハードデータの指標でカスタマーサクセスを進める
（10）トップダウンかつ全社レベルで取り組む

（４）の「カスタマーヘルス」とは、サブスクリプション顧客の健全性を計ることをいいます。その社内で利用者は何人いて、役員などの重要人物なども利用しているかを指す「製品定着度」、顧客が問い合わせをしてくる頻度や問いかけへの答え方などを指す「カスタマーサポート」「調査結果」、マーケティングのメールを送ったときの反応、コミュニティへの参加率、契約金額の増減、課金の支払い履歴などから総合的に判断します。

前述の著書『カスタマーサクセス』では、カスタマーヘルスの意味を考え抜き、個々の顧客に対して、様々な角度からカスタマーヘルスを分析することは、サブスクリプション

企業の義務だと言及しています。

それほど重要な要素なのです。

OKBIZ.でも、ユーザー向けにカスタマーヘルスの一部を測定する機能を提供していますし、オウケイウェイヴ自体でも、OKBIZ.各ユーザーのカスタマーヘルスを把握しているのは、すでに述べたとおりです。

次の一手は「原点回帰」

オウケイウェイヴの今後の展望としては、「今日、誰かから知ったことを、明日、誰かに教える」という、ナレッジの連鎖を加速させていきたいと考えています。

同じ問題で、今日は質問者だったことについて、明日は回答者になれる。

今日は回答者に「ありがとう」と言って、明日は質問者に「ありがとう」と言われる。

それはQ＆Aサイトならではの面白い体験でもあります。

そして、ナレッジを通じて人々が繋がる体験を、もっと多くの利用者に味わっていただきたいです。

そうした営みを通じて、社会の中に「感謝の輪」を広げていきたいのです。

法人顧客と個人顧客の関連を繋げて、法人向けのOKBIZ.と、個人向けQ＆Aサイトとしての OKWAVE の利用者、ファンを拡大していくことを考えています。社会人には、会社で勤務しているオンタイムの顔と、プライベートのオフタイムにおける私人という顔があります。

法人といえども、個人の集まりなのです。オンタイムでは企業のカスタマーサポートで勤務して OKBIZ. のユーザーとなっているビジネスパーソンが、帰宅中にスマートフォンで OKWAVE に投稿された質問に回答することもあるでしょう。

現在、OKBIZ. と OKWAVE は別個のサービスですが、将来的には融合させていきたいと考えています。もともとは同じところから出発しているからです。

CtoC の OKWAVE のことを知った企業の社長から、「うちの困っている顧客向けに、法人用も作ってよ」と求められて、兼元がQuick-A（現：OKBIZ.）を企画しました。今や別個に進化したサブスクリプションモデルを確立したOKBIZ.ですが、元を正せばOKWAVEと繋がっています。よって、OKBIZ.とOKWAVEの両者につき、今まで以上に連携を深めることは原点回帰といえるかもしれません。

同じ個人でも、OKBIZ.で知りたいことと、OKWAVEで聞きたいことは異なるはずです。それをオウケイウェイヴは同一人の興味関心として統合しながら把握し、さらに必要な情報をその方にご提供できるようになります。

ユーザーひとりひとりが最も知りたい答えを的確にお渡しできるサービス、企業としてのオウケイウェイヴは、今まで以上にユーザーフレンドリーな情報サービスを常に開発していきたいのです。

おわりに

株式会社オウケイウェイヴ
代表取締役社長
松田　元

その人にとっては何でもない工夫でも、ほかの人から見れば大きな価値があるかもしれません。誰もが困った経験があるし、誰もが助けてほしいと思ったことはあるでしょう。それは職場でも、プライベートでも……。

困ったときに、人はとかく、手段を求めがちになります。

しかし、本当に大切なのは、手段ではなく目的です。

言い換えればゴールということになります。

最終的に求めているものはどこで、そのために今、何が足りていないのかを把握することが必要でしょう。

例えば、奥さんから離婚をつきつけられて困ったときに、離婚しない方法を検索するよりも、夫婦関係を回復するための有機的な知恵を求めた方が建設的です。この問題のゴールは、関係の改善が目的だからです。

離婚をしないという選択は手段に過ぎません。

あるいは、スマートフォンとスピーカーのIoT連携に困ったとき。マニュアルにはいろいろ書いてあるけど、そもそもマニュアルのどこを読めばいいか分からない、ということがあります。ネットの解説文を読んでも意味が分からない、ということもあるでしょう。求めているのはスマートフォンの音がスピーカーから出る状態になることです。マニュアルを読むという手段でも、ウェブの効率的な検索という手段でもありません。結果として音がスピーカーから出ればいいわけで、マニュアルでも人から教えてもらうでも、手段は問わないというのが本音でしょう。

こうした目的を果たすための対話においては、無機質な検索より、有機的な対話のログの方が、有効性が非常に高いはずです。

その人にとっては何気ない工夫やほんの少しの親切心が、対話を通じて社会に多大な価値を生む可能性があるのです。

対話のログが溜まると、膨大な有機的データになります。

そうした、有機的なQ＆Aが蓄積し、そのビッグデータを元に生み出されたサービスがOKBIZ.です。

大手企業様含め、現在600社を超えるユーザーに支えられ、社内のバックオフィスでは欠かすことのできない価値を提供できていると自負しています。

でもそんな、錚々たる企業様に利用されたOKBIZ.のスタートもまた、たった一人の、小さなやさしさから生まれたQ＆Aでした。

人の善意が社会を変える、感謝の価値が社会を推進する、その証左となっているのがOKBIZ.というサービスだと、自信をもって言えます。

全ての人に、価値があります。

当たり前のことですが、忘れがちなことです。

そんな大切な価値を、OKBIZ.を通じて伝えられることを信じて、これからも一人でも多くのユーザー様に、我々のサービスを体感いただけるよう、取り組んでまいります。

日々のご支援に感謝いたします、ありがとうございます。

【あとがき】

２０１９年12月に中国湖北省武漢市で発生したとされる新型コロナウイルス感染症（COVID-19）の全世界での感染者増加の勢いは、本書を上梓する２０２０年4月現在、収束する気配を見せていません。

このような状況において日本国内では新型コロナウイルスの感染予防と拡散防止を目的に在宅勤務を推奨・推進する企業も増えてきました。

一方で、２０１９年4月には働き方改革関連法が施行され、さまざまな働き方改革が議論されてきました。

その中には在宅勤務をはじめとするリモートワークも含まれています。

働き方改革に関連して、当社の総合シンクタンクであるオウケイウェイヴ総研が２０１９年4月に調査結果を発表した「社内業務に関する調査」では、ビジネスパーソンが「調べもの」に費やす時間は毎日１・６時間におよび、6割超のビジネスパーソンが調べものに時間を取られていると感じていることとがわかりました。試算ですが、これは日本全体で1日当たり約1057億円相当の賃金が調べものに充てられている、ということです。（詳細：https://okwave.co.jp/ri/report/report190403/）

このような企業を取り巻く社会・経済環境の中で、オウケイウェイヴがOKBIZ.やOKWAVEを通じて果たす役割は大きいと思っています。とくに日本経済を支える中小企業への支援は今後の課題になっていくと考えられます。

オウケイウェイヴはOKBIZ.で培ってきた主に大企業でのFAQを始めとするナレッジの活用を中小企業で活躍される皆様にも手軽に利用いただけるような準備をしてきました。

それが「OKWAVE IBiSE」（オウケイウェイヴ・アイビス）として2020年4月より提供が開始されました。

とくに在宅勤務やリモートワークなど、社内でのコミュニケーション上の課題はこれからますます顕著となってくるでしょう。

同様に、ストック収入が見込めるサブスクリプションビジネスを構築できると、先が見えない経済状況の中においても、非常に強いビジネスモデルであることを実感できます。

本書を手にとっていただいた皆様の成功となる手助けになれば幸いです。

株式会社オウケイウェイヴ　取締役副社長ＣＯＯ

佐藤　哲也

<あとがき>

佐藤 哲也（さとう・てつや）
株式会社オウケイウェイヴ　取締役副社長 COO

1961 年、静岡県生まれ。
明治大学を卒業後、株式会社リコーに入社。
その後、日本マイクロソフト株式会社を経て、2013 年に株式会社オウケイウェイヴに入社。
事業部長として OKBIZ. を中心とした法人向けビジネスを統括。2014 年、取締役 CMO に就任。
2019 年より取締役副社長 COO に就任。

サブスクリプションモデルの夜明け

2020 年 5 月 6 日　初版発行

著　者　佐藤哲也
発行人　山本洋之
発行所　合同会社 スマイルファクトリー
〒 162 - 00023 東京都新宿区西新宿 7-7-24 GS プラザ新宿 605
電話（050）3479 − 9112　FAX（03）6369 − 4002
発行所　株式会社 創藝社
〒 162 - 0806 東京都新宿区榎町75 番地 AP ビル5F
電話（050）3697 − 3347　FAX（03）4243 − 3760
印　刷　中央精版印刷株式会社

落丁・乱丁はお取り替えいたします。
※定価はカバーに表示してあります

ISBN978 - 4 - 88144 - 253 - 1　C0034